Wissenschaftliche Beiträge aus dem Tectum Verlag

Pädagogik | Band 49

Regina Gente

Einstieg in das Forschende Lernen

Coaching als Lösungsansatz am Schülerforschungszentrum Nordhessen

Mit Beispielen für den Regelunterricht

Tectum Verlag

Wissenschaftliche Beiträge aus dem Tectum Verlag. Pädagogik | Band 49

Regina Gente
Einstieg in das Forschende Lernen. Coaching als Lösungsansatz am Schülerforschungszentrum Nordhessen. Mit Beispielen für den Regelunterricht

ISBN 978-3-8288-4406-3
ePDF 978-3-8288-7405-3

Gesamtverantwortung für Druck und Herstellung bei der
Nomos Verlagsgesellschaft mbH & Co. KG

Besuchen Sie uns im Internet
www.tectum-verlag.de

Bibliografische Informationen der Deutschen Nationalbibliothek
Die Deutsche Nationalbibliothek verzeichnet diese Publikation
in der Deutschen Nationalbibliografie; detaillierte bibliografische
Angaben sind im Internet über http://dnb.d-nb.de abrufbar.

Inhaltsverzeichnis

1 Vorwort

Der Großteil des vorliegenden Buches ist im Rahmen der Erstellung der pädagogischen Facharbeit im Schuljahr 2014/2015 während des pädagogischen Vorbereitungsdienstes am Studienseminar Kassel entstanden. Durch die Offenheit des Studienseminars und die Unterstützung des Schülerforschungszentrums Nordhessen (SFN) wurde es ermöglicht, eine Fragestellung außerhalb der Situation des Regelunterrichts zu untersuchen.

Das Resultat sind die nun vorliegenden Kapitel 2 bis 11 sowie die vollständig transkribierten Interviews, die mit den Beratern des SFNs durchgeführt wurden. Diese wurden in voller Länge übernommen, da sich darüber für Außenstehende ein einmaliger Einblick in die besondere Situation an einem Schülerforschungszentrum ergibt.

Ausschnitte aus den Interviews mit den Teams und den Beratern sind an jeweils relevanten Stellen im Text eingefügt. Hierbei kommt es zu Doppelungen, da in der Arbeit beleuchtete Aspekte miteinander verzahnt sind und dies auch in den Interviews zum Ausdruck gekommen ist. Die Doppelungen wurden zur einfacheren Lesbarkeit beibehalten.

In Kapitel 10 wird bereits die Frage nach der Übertragung in den Regelunterricht gestellt und exemplarisch eine Situation, in der Forschendes Lernen im Regelunterricht als Methode verwendet wurde, dargestellt. Ergänzt wurde nun noch das Kapitel 12, in dem zwei weitere Praxisbeispiele zum Einstieg in das Forschende Lernen dargestellt werden.

Die Thematik des Forschenden Lernens oder - seiner Vorstufe - des Entdeckenden Lernens hat innerhalb der vergangenen Jahre nicht an Aktualität eingebüßt, wie auch die Entwicklung der Anzahl der Schülerforschungszentren zeigt. Seit Gründung der Kampagne „Schülerforschungszentren“ von Jugend forscht hat sich die Zahl der Schülerforschungszentren von 20 auf etwa 100 erhöht [Jug20].

Die nun vorliegende Veröffentlichung wurde durch eine Förderung der Heinz und Gisela Friederichs Stiftung unterstützt.

Kassel, im August 2020

2 Einleitung

In dieser pädagogischen Facharbeit wird zunächst untersucht, welche Schwierigkeiten beim Einstieg in das Forschende Lernen auftreten und ob Coaching hier einen Problemlösungsansatz bieten kann.

Hierdurch werden zwei Aspekte der aktuellen Pädagogik miteinander verbunden, deren Bedeutung als zunehmend wichtiger angesehen wird. Die Bedeutung des Forschenden Lernens liegt zum einen darin, dass hiermit viele Kompetenzen[1] der Schülerinnen und Schüler[2] gefördert werden können, was im Sinne des kompetenzorientierten Unterrichts ist, und es ermöglicht einen konstruktivistischen Wissenserwerb. Zum anderen erlaubt der Einsatz von Forschendem Lernen eine gezielte Vorbereitung auf die Arbeitsformen an der Hochschule[3].

Coaching oder auch die speziellere Form des LernCoachings nimmt im Rahmen der Bemühungen um eine stärkere innere Differenzierung und Individualisierung der Lernprozesse der SuS an Bedeutung zu: Der Lehrer wechselt von der Rolle des „Belehrenden" zum Lernbegleiter (siehe dazu auch [Esc08]). Im Zuge der weiter fortschreitenden Inklusion[4], werden diese Punkte weiter an Bedeutung gewinnen (siehe auch [Ahr14]).

Durchgeführt wurde diese Arbeit am Schülerforschungszentrum Nordhessen[5]. Hier habe ich seit Beginn des Referendariats regelmäßig hospitiert und ab dem Sommerhalbjahr 2014/2015 Teams betreut. Meine Beobachtungen und die Erprobung von mir entwickelter Lösungsansätze wurden während des Winterhalbjahres 2014/2015 durchgeführt. Hierfür habe ich zwei Teams betreut, bei vielen Beratungssituationen beobachtet, sowie Teams und Berater interviewt. (Die transkribierten Interviews der Berater befinden sich im Anhang. Passagen, die in starkem Bezug zu den in dieser Arbeit behandelten Fragestellungen stehen, sind fett markiert.)

1 siehe dazu Kapitel 3

2 Im Folgenden verwende ich die Abkürzung SuS.

3 Aussage von Frau Dr. Gräf, Lehrerin an der Ricarda-Huch-Schule Dreieich Sprendlingen und hessische Landeswettbewerbsleiterin von Jugend forscht

4 Die Stadt Kassel soll zur Modellregion „Inklusive Bildung in Kassel" werden. Siehe dazu auch http://www.stadtelternbeirat-kassel.de/stadtelternbeirat/bildung.htm; Zugriff am 5.1.2015, [Sta14]

5 Im Folgenden verwende ich die Abkürzung SFN

Es muss bei den Ergebnissen dieser Arbeit berücksichtigt werden, dass es sich bei der Lernsituation am SFN um eine besondere Lernsituation handelt, die nicht eins zu eins auf den Regelunterricht übertragen werden kann. Desweiteren wird diskutiert, inwiefern Coaching (oder LernCoaching) allgemein im Regelunterricht eingesetzt werden kann (siehe dazu Kapitel 10.1). Ein Beispiel für die Anwendung Forschenden Lernens im Regelunterricht in Kombination mit Coaching wird in Kapitel 10.3 beschrieben.

Andererseits steigt auch die Anzahl der Schülerforschungszentren in Deutschland[6] und auch in Europa: In Eger (Ungarn) soll ein Schülerforschungszentrum nach Kasseler Vorbild aufgebaut werden[7]. Somit steigt auch der Bedarf an Resultaten, die aus der Untersuchung der besonderen Lernsituation am SFN herrühren.

6 Siehe hierzu auch den Ideenwettbewerb zur bundesweiten Gründung neuer Schülerforschungszentren der Stiftung Jugend forscht e.V. und der Gisela Friederichs Stiftung; Pressemitteilung vom 18.2.2014; [Jug14]

7 Mitteilung von KP Haupt (Leiter des SFNs) auf der Betreuerversammlung vor den Weihnachtsferien 2014/2015.

3 Forschendes Lernen

Laut Reitinger gilt, dass „Forschendes Lernen [...] oft als allgemeines Synonym für die verschiedenen entdeckend-explorativen Herangehensweisen verwendet [wird].“ [Rei13, S.14] Hieraus ergibt sich die Notwendigkeit den Begriff „Forschendes Lernen“ so zu definieren, wie er im Folgenden in dieser Arbeit verwendet werden wird. Haupt definiert „Forschendes Lernen“ wie folgt: „Forschendes Lernen bedeutet, dass sich die Schüler die theoretischen Grundlagen und den Sachstand zu ihrem Forschungsvorhaben weitgehend eigenständig erarbeiten. “ [HH14, S. 144] Messner [Mes09, S. 134] präzisiert dies weiter, indem er schreibt, dass beim Forschenden Lernen die SuS den „von der Naturwissenschaft vorgegebenen Erkenntnisweg“ nachvollziehen. Hierfür sei zunächst die theoretische Auseinandersetzung mit dem gewählten Themenbereich notwendig, dann müsse eine Fragestellung gefunden bzw. Hypothesen entwickelt werden, und diese dann anschließend durch ein „operatives Verfahren“ – zum Beispiel ein Experiment – überprüft sowie mit Bezug zur Theorie ausgewertet werden. Als letzten Schritt sieht Messner die qualifizierte Darstellung der Ergebnisse.

Dementsprechend sind unter dem Begriff „Forschendes Lernen“ sowohl kleinere, nachentdeckende (Unterrichts-)Einheiten[1] zu fassen als auch erste eigenständige Projekte, die forschendes Arbeiten umfassen[2], sowie zu guter Letzt auch umfangreichere Forschungsfragen, wie sie im ScienceClub des SFNs behandelt werden. Dies entspricht der Definition Forschenden Lernens, die Reitinger in [Rei13, S.45] aufstellt:

Forschendes Lernen ist ein Prozess der selbstbestimmten Suche und der Entdeckung einer für die Lernenden neuen Erkenntnis. Forschendes Lernen läuft dabei in einem autonomen und zugleich strukturierten Prozess ab, welcher von einer sinnlich erfahrbaren Ent-

1 Siehe hierzu auch das Konzept des KidsClub am SFN.

2 Somit wird der Begriff des Forschenden Lernens hier weiter gefasst, als Haupt und Holfeld dies in [HH14] tun.

deckung über eine systematische Exploration bis hin zu einer für wissenschaftliches Arbeiten charakteristischen Vorgehensweise reichen kann. Der Prozess des Forschenden Lernens wird von einem generellen Entdeckungsinteresse der Lernenden (Neugierde) und einer affirmativen Haltung der Lernenden zur Methode getragen. Für den Prozess des Forschenden Lernens selber sind die forschungsbezogenen Handlungsdomänen a) erfahrungsbasiertes Hypothetisieren, b) authentisches Explorieren, c) kritischer Diskurs und d) conclusiobasierter Transfer kennzeichnend.

Basierend hierauf stellt Reitinger sechs Kriterien Forschenden Lernens auf: Entdeckungsinteresse/Neugierde, Methodenaffirmation, Erfahrungsbasiertes Hypothetisieren, Authentisches Explorieren, Kritischer Diskurs und Conclusiobasierter Transfer. An Hand dieser Kriterien kann also überprüft werden, ob es sich um ein Lernarrangement handelt, in dem die SuS mit Forschendem Lernen arbeiten. Damit ein solches Lernarrangement gelingen kann, werden von Reitinger sechs zentrale Prinzipien [Rei13, S. 46, 61] abgeleitet, die die Gelingenschance auf Forschendes Lernen erhöhen sollen: Prinzip des Vertrauens, Prinzip der Selbstbestimmtheit, Prinzip der Sicherheit, Prinzip der Veranschaulichung, Prinzip der Strukturierung, und das Prinzip der Personalisierung[3] [4]. Diese Prinzipien führen dazu, dass es beim Forschenden Lernen zu einer Differenzierung und Individualisierung des Lernprozesses kommt (siehe dazu auch [Rei13, S. 57]). Desweiteren schreibt Messner [Mes09, S. 140], dass Forschendes Lernen auch mit hohen intellektuellen, persönlichen und sozialen Herausforderungen zu tun habe[5].

Zu guter Letzt sei an dieser Stelle festgehalten, „[...] dass man als Lehrender das Forschende Lehren [d.h. die Anwendung Forschenden Lernens im oder außerhalb des Unterrichts] nicht nach Rezepten lernen kann“ [Rei13, S.9]. Dies wird durch eine Aussage eines Betreuers am SFN gestützt, der selbst als Schüler oder auch als Student nie Forschendes Lernen selbst erfahren hat, und sich immer wieder vor denselben Problemen wie die SuS sieht.

3 Diese sechs Prinzipien spiegeln sich auch bei der Arbeit am SFN wieder, siehe dazu das Kapitel 5.3.

4 Von den befragten Teams werden in den Interviews genau diese Prinzipien in dem Sinne angesprochen, dass die SuS diese bei der Arbeit am SFN schätzen und Wert darauf legen.

5 Dies begründet die Notwendigkeit des Coachings beim Forschenden Lernen.

Interview 2 (Lehrer)

„Die Teams haben im Prinzip dasselbe Problem wie ich auch hauptsächlich, denke ich, nämlich, dass man es einfach nicht gewohnt ist, dieses freie Forschen. Dass man in ganz anderen Kategorien drinsteckt und eigentlich immer vorgesetzt kriegt, das und das mach und dann kommt was raus und das ist entweder richtig oder nicht. Und dieses Selbstentwickeln, dieses Verantwortung übernehmen auch für das Projekt, für die Arbeit, das sind Schüler überhaupt nicht gewohnt und mir geht's im Prinzip genauso."[6]

6 siehe dazu Interview 2, Seite xii

4 Coaching und LernCoaching

Zur Darstellung von Coaching und Lerncoaching in der Literatur siehe [Esc08]. Lerncoaching basiert auf dem Coachingmodell aus dem Managementbereich. Die Aspekte, die dieses Modell kennzeichnen, werden in [Esc08, S.23] genannt und sollen hier nicht alle ausführlich aufgezählt, sondern nur kurz dargestellt werden.

Coaching ist nicht zwingend eine fachliche Beratung[1]. Vielmehr geht es darum, dass der Coach durch seine Beratung einen Ziel- und Problemlöseprozess unterstützt. Dabei gilt, dass das Coaching freiwillig ist und keine Abhängigkeiten zwischen dem Coach und der beratenen Person bestehen, sowie diese sich gegenseitig akzeptieren[2]. Das Coaching ist zeitlich begrenzt und ist „Hilfe zur Selbsthilfe", indem der Coach die Selbstkompetenz der beratenen Person unterstützt.

Auch am SFN soll die Beratung im Verlauf des Projektes immer mehr zurückgenommen werden. Siehe hierzu auch das Interview mit KP Haupt; Interview 12, S.xxxv, ff, im Bezug dazu, ob Schülerinnen und Schüler von ihren Beratern eine inhaltliche Führung benötigen und einfordern.

Interview 12 (KP Haupt, Leiter des SFNs):

> „Das ist natürlich bei den Jüngeren ganz extrem und ich denke im KidsClub tun wir das auch. Bei den Älteren möchte ich, dass wir das immer mehr zurücknehmen. Und bei Klasse 9, also beim ScienceClub und in der Oberstufe, meine ich, sollte es nicht mehr unsere Aufgabe sein. Wir sollten nur noch einschreiten, wenn wir das Gefühl haben, dass sie das Projekt vor die Wand fahren. Sehr häufig ist es ja so, dass wir auch bei den Älteren gar nicht beurteilen können, ob es wirklich ein Weg ist, der zum Ziel führt, wir sie sogar einfach machen lassen müssen und sie diese Erfahrung selbst machen müssen. Das gehört dazu. Ich glaube aber nicht, dass die Älteren diese Transparenz [Rückmeldung, dazu, ob der eingeschla-

1 Dies trifft auch am SFN zu. Ein Berater muss hier nicht zwingend ein fachlicher Experte sein.

2 Das ist auch einer der Beratungsgrundsätze am SFN, siehe dazu Kapitel 5.3

gene Weg Erfolg haben wird] einfordern. Ich könnte mir eher vorstellen, dass es die Jüngeren sind. Von den älteren Teams ist mir das in der Regel nicht bekannt. Von den jüngeren ja klar. Die wollen ‚Kann ich das so machen? Läuft das? Ist das richtig? ‘ “

Bei diesem Vorgehen bekommt der Coach die Rolle eines Moderators und die Aufgabe das Denk- und Handlungssystem der beratenen Person anzureichern, zu erweitern, und das Selbstvertrauen[3] zu stärken:

Interview 2 (Lehrer):

„Weil um das von vornherein zu können, muss man unheimlich viel Selbstvertrauen haben in die eigenen Fähigkeiten oder so ein bisschen eine ‚scheißegal-Einstellung‘, also ich versuch's einfach mal und gucke was rauskommt. Und auch den Mut zu haben, wenn's nicht funktioniert, ist es auch gut. Auch das fehlt vielen von den Schülern. Auch ein Versagen zulassen.“[4]

Dementsprechend ist Coaching ein resourcenorientierter Prozess.

Lerncoaching, das im Regelunterricht stattfindet, muss hierzu in einigen Punkten abgegrenzt werden. Eschelmüller beschreibt Lerncoaching zunächst wie folgt „Mit Lerncoaching wird ein spezielles Rollenverhalten von Lehrern mit entsprechenden Instrumenten und Vorgehensweisen umschrieben. Es soll die Lern- und Verstehensprozesse bei Schülern optimieren und fördern. Lerncoaching meint damit gleichzeitig Lernprozesscoaching.“ [Esc08, S. 8]

Da es sich um Unterrichtssituationen und damit um Lehrer-Schüler-Beziehungen handelt, ergeben sich in Abgrenzung zum Coaching einige Unterschiede (siehe dazu auch [Esc08, S.24]. Ein Lehrer als Lerncoach verfügt über Fachwissen auf dem Gebiet, in dem er als Coach agiert. Die Freiwilligkeit der Lernenden ist nicht von vornherein gegeben und die Beziehung zwischen Lehrer und Schüler ist asymmetrisch. Lerncoaches beschäftigen sich mit der Suche nach Lösungen von Lernproblemen und können hierbei aber auch selbst ein Teil des Problems sein. Desweiteren sind Lerncoaches selbst Lernende, da sie daran arbeiten, die Lernprozesse ihrer SuS zu verstehen.

3 Zur Bedeutung des Selbstvertrauens siehe auch die Bausteine von Haupt (siehe Kapitel 7)

4 Interview 2, Seite xii, Zeile 20 bis Zeile 26

Lerncoaching ist damit

> „... das Bindeglied zwischen der Lehrarbeit der Lehrers und der Konstruktionsarbeit[5] des Schülers.“ [Esc08, S. 17]

Nach Eschelmüller gibt es zwei herausragende und zentrale Vorgehensweisen im Lerncoaching: dialogisches Diagnostizieren und kompetenzorientiertes Unterrichten [Esc08, S. 70]. Der kompetenzorientierte Unterricht sollte hierbei möglichst problemorientiert und an der Lebenswelt der SuS ausgerichtet sein. Die Kompetenzorientierung soll hier zu einer Freude am eigenen Kompetenzerwerb der SuS führen und das dialogische Diagnostizieren bei auftretenden Schwierigkeiten Abhilfe schaffen. Die Problemorientierung wird als zusätzliche Motivation der SuS angeführt.

Damit das dialogische Diagnostizieren gelingen kann, werden von Eschelmüller folgende Instrumente vorgeschlagen [Esc08, S.75]:

- Lernjournal für die Lernenden[6]
- Lernportfolios für die Lernenden
- Kompetenzmodelle für Schüler sowie Lehrpersonen[7]
- Dossiers für die Lehrpersonen
- Zeitfenster für Beobachtungen und Lerngespräche[8]

5 Ein Unterricht, der konstruktivistische Elemente aufweist, bietet somit eine Voraussetzung für Lerncoaching.

6 Dies wurde von mir in der leicht abgeänderten Form eines Projekttagebuchs mit den Teams erprobt.

7 Siehe Kompetenzmatrix zur Bewertung der Ergebnisse in der von Frau Dr. Gräf durchgeführten Unterrichtseinheit (Kapitel 10.3, Anhang S. vi)

8 Das Führen von Gesprächen mit den Teams gehört auch am SFN zu einem der Beratungsgrundsätze.

5 Das Schülerforschungszentrum Nordhessen

5.1 Vorstellung des SFNs

Darstellungen des SFNs sind in der Literatur bei [Hau14], [HH14] und [ME] sowie auf der Homepage[1] zu finden.
Das SFN ist aus dem PhysikClub der Kinder- und Jugendakademie Kassel hervorgegangen. Dieser befand sich zunächst in den Räumen der Albert-Schweitzer-Schule und war ausschließlich am Freitagnachmittag geöffnet. Dauerhaft zur Verfügung stand ein Raum, so dass in diesem Raum sämtliche Experimente und Versuchsaufbauten gelagert und immer wieder zusammengeräumt werden mussten.

Allgemein gilt nach Haupt und Holfeld für das Arbeiten in Forschungs-Clubs:

> „Schüler entwickeln Fragestellungen, planen Experimente, gewinnen Daten, die sie analysieren und aus denen sie Schlussfolgerungen ziehen." [HH14, S. 143]

Ein solcher ForschungsClub wird somit zu

> „... einem Raum Gleichgesinnter, die voneinander lernen und das Ziel haben, systematisch wissenschaftliche Erkenntnisse zu gewinnen" [HH14, S. 143].

In Zusammenarbeit mit der Universität Kassel wurde aus dem PhysikClub heraus das Schülerforschungszentrum gegründet, das dann sein eigenes Gebäude auf dem Gelände der Albert-Schweitzer-Schule beziehen konnte. Hierfür gilt nun:

> „Heute leistet das Schülerforschungszentrum, an dem Lehrkräfte und Studierende aus unterschiedlichen Einrichtungen zusammenarbeiten, einen wichtigen Beitrag zur Entwicklung des forschenden Lernens[2]" [HH14, S. 143]

1 www.physikclub.de, [SFN]

2 Daher bietet es sich an, die Anfangsschwierigkeiten des Forschenden Lernens auch in der „La-

Allgemein zeichnet ein Schülerforschungszentrum im Gegensatz zu dem ForschungsClub einer Schule aus, dass die SuS aus der gesamten Region kommen. Zum Zeitpunkt, als diese Arbeit verfasst wurde (Schuljahr 2014/2015), wird das SFN von etwa 120 Jugendlichen der 9. bis 13. Klasse (ScienceClub; Erklärung siehe unten), die von 30 Schulen kommen, sowie von etwa 50 Jugendlichen der Klassen 7 und 8 (JuniorClub), die 15 verschiedene Schulen besuchen und von 60 SuS der Klassen 5 und 6 (KidsClub) von ebenfalls 15 Schulen, besucht (Zahlen nach [Hau14]).

Innerhalb der letzten Jahren haben sich die Zahlen durchschnittlich wie folgt entwickelt: Der KidsClub wird von etwa 120 SuS besucht, der JuniorClub von 70 SuS und der ScienceClub von 170 SuS. Desweiteren ist ein Berufsorientierungsangebot („TAF - Berufsorientierungsangebot des SFN") eingerichtet worden, an dem etwa 40 SuS jährlich teilnehmen. Damit ist die jährliche durchschnittliche Teilnehmerzahl auf 400 SuS gestiegen (Stand 2020).

Das SFN verfügt über eine sehr gute Geräteausstattung sowie über Unterstützung von Sponsoren und Kooperationen mit Universitäten. Desweiteren gilt das Alumni-Prinzip, d.h. ehemalige Teilnehmer unterstützen als studentische Betreuer die SuS, die aktuell am SFN arbeiten. Durch das neue eigene Gebäude wird den SuS nun (im Gegensatz zu den Anfängen des PhysikClubs, siehe oben) ermöglicht, an den unterschiedlichen Wochentagen das SFN zu besuchen und es gibt genügend Arbeitsplätze, an denen Materialien und Versuchsaufbauten stehengelassen werden können. Hierdurch wird für die SuS eine einmalige Arbeitssituation geschaffen[3].

Das Angebot am SFN ist in Angebote für drei Altersgruppen[4] gegliedert, die im folgenden kurz vorgestellt werden:

KidsClub (Klasse 5 und 6) Der KidsClub findet einmal wöchentlich für 1,5 Stunden statt und führt die SuS mit Kursangeboten zum Forschenden Lernen an die Arbeitsweisen des SFN heran.

JuniorClub (Klasse 7 und 8) Es werden erste Projekte meist über die Dauer eines Schuljahres durchgeführt. Hierbei arbeiten die SuS freier als im KidsClub und erste Ansätze des forschenden Arbeitens werden umgesetzt.

---

borsituation" des SFNs zu untersuchen.

3 Diese ist den SuS auch bewusst. Siehe dazu Kapitel 5.2.

4 Diese Struktur entspricht den neurologischen Erkenntnissen von Crick, wie von KP Haupt auf der Fortbildung im SFN vom 31.1.2015 vorgestellt [Hau15]

ScienceClub (Klasse 9 bis 13) Hier arbeiten die SuS weitestgehend selbstständig an (unter Umständen mehrjährigen) Projekten zu einer selbstgewählten Fragestellung. Somit findet hier Forschendes Lernen im Sinne von authentischem wissenschaftlichem Arbeiten statt. Es werden auch Forschungsfragen verfolgt, die weit über schulische Hintergründe hinaus- und bis in den universitären Bereich hineingehen. Die SuS entscheiden selbst, wann und wie lange sie an ihrem Projekt arbeiten möchten.

Ein wichtiger Grundsatz am SFN ist, dass sich Berater und SuS auf Augenhöhe begegnen (siehe auch [HH14, S. 144]). Da bei vielen Projekten auch die Berater den optimalen Lösungsweg nicht im Voraus kennen, wandelt sich hier die Lehrerrolle von „Faktenvermittlern zu Motivatoren, Mediatoren, Koordinatoren und Begleitern[5]“ [HH14, S. 144]. Möglichkeiten zur Präsentation der Ergebnisse haben die SuS zum einen bei einer Teilnahme bei den Wettbewerben „Schüler experimentieren“ oder „Jugend forscht“[6] oder bei dem jährlich stattfindenden Schülerkongress des SFNs.

Weitere ergänzende Angebote des SFNs sind Vorträge, Wochenendworkshops und eine Ferienakademie für die Klassen 3 und 4 am Ende der Sommerferien, auf der Experimentierkurse mit Forschendem Lernen angeboten werden.

5.2 Gründe für den Besuch des SFNs

An dieser Stelle sollen die Schülerinnen und Schüler, die am SFN ein Projekt durchführen, im Sinne einer Darstellung der Ausgangslage selbst zu Wort kommen, warum sie ein Projekt am SFN durchführen möchten.

Zu Beginn des Schuljahres wählen die meisten der SuS, die am SFN Projekte bereits durchführen, ein neues Thema und neue SuS kommen hinzu. Bei der Beratungsphase zur Projektwahl wurde ein von mir entwickelter Bogen zur Orientierung bei der Projektwahl (siehe Anhang, S.iii) eingesetzt. Um einen Eindruck von der Motivation der SuS, am SFN ein Projekt durchzuführen, zu bekommen, sollte zu Beginn des Bogens der Satz „Ich/wir möchte/n am SFN ein Projekt

5 Wie diese Rolle durch Coaching ausgefüllt wird, dazu siehe Kapitel 5.3 und 4; Dies ist mit eine Voraussetzung um die Prinzipien von Reitinger für Forschendes Lernen zu erfüllen (siehe Kapitel 3)

6 Informationen zu Deutschlands größtem Wettbewerb in den Naturwissenschaften sind unter www.jugend-forscht.de, [Jug] zu finden.

machen, weil ..." vervollständigt werden. Es werden in der Befragung die folgenden Gründe für die Durchführung eines Projekts am SFN genannt:

Ich/wir möchte(n) am SFN ein Projekt machen, weil ...

... [die] Schule Fragen nicht klärt.
... ich an naturwissenschaftlichen Themen interessiert bin.
... mir Physik Spaß macht.
... wir uns für Wissenschaft interessieren und hier (wenn nötig) Mittel zur Verfügung gestellt bekommen, an die wir sonst nicht kommen würden. Außerdem haben wir hier immer Ansprechpartner, die sich mit dem Thema auskennen.
... [eine] Lehrerin es empfohlen hat.
... wir das SFN spannend finden.
... damit ich mehr über unterschiedliche Sachen lerne.
... wir in der Schule nicht genug ausgelastet sind und uns hier weiter beschäftigen können.
... wir an Naturwissenschaften interessiert sind.
... es mir Spaß macht.
... ich die Gemeinschaft am SFN super finde. Außerdem stehen einem viele neue Wege offen.
... Wissenschaft interessant ist.
... wir gerne Projekte bearbeiten.
... die Wissenschaft interessant ist und ich etwas Tolles herausfinden möchte.
... wir uns für die Forschung im physikalischen und technischen Bereich interessieren.
... [wir] uns in ein Thema einarbeiten [wollen], was wir nicht beherrschen und uns die finanziellen Möglichkeiten fehlen für größere Projekte.
... es ein schöner Ort ist, wo man produktiv forschen kann mit vielen Möglichkeiten und netten Betreuern.
... ich mich sehr für Naturwissenschaften interessiere und wir hier die Möglichkeit bekommen eigenständig zu forschen und selbst Dinge auszuprobieren.
... ich mich für Physik interessiere.
... wir uns für die Wissenschaft interessieren.
... weil ich, während ich nicht hier war, die Leute vermisst habe.

Diese Nennungen lassen sich in die folgenden Kategorien zusammenfassen:

- Interesse an Wissenschaft, Naturwissenschaften oder Physik (10 Nennungen; *8 Nennungen*)
- Möglichkeiten und Mittel des SFNs (3 Nennungen; *2 Nennungen*)
- Empfehlung durch Lehrerin (1 Nennung)
- (wissenschaftliche) Neugierde; Schule klärt nicht genug Fragen (3 Nennungen)
- Schule lastet nicht aus (1 Nennung)
- Betreuung (2 Nennungen)
- das Umfeld und die Atmosphäre (SFN komplett, andere SuS, Betreuer, Gemeinschaft) (3 Nennungen)
- Projektarbeit, Einarbeitung in neue Themen, eigenständiges Arbeiten (3 Nennungen; *2 Nennungen*)

Es zeichnet sich hiermit ein Bild, dass bei den am SFN anwesenden SuS eine hohe fachliche Motivation vorliegt. Desweiteren suchen diese SuS einen Ort, an dem sie über die typischen Schulmittel hinausgehende Möglichkeiten haben und auch Möglichkeiten bekommen, Fragen zu klären, die in der Schule nicht beantwortet werden und sich auch auszulasten. Auch die Arbeitsweisen (Projekte, eigenständiges Arbeiten), sowie die Betreuung und das Umfeld und die Atmosphäre des SFNs werden von den SuS geschätzt. Die Empfehlung durch eine Lehrerin als Besuchsgrund wird nur einmalig genannt. Es hat sich auch dieses Schuljahr wieder gezeigt, dass viele Teams, deren Lehrer große Anstrengungen unternehmen, um ihren SuS das SFN nahezubringen (zum Beispiel ein organisierter Besuch zur Anmeldung und Projektauswahl mit einer Gruppe von ca. 15 SuS), das SFN zügig wieder verlassen[7].

Bereinigt man die obigen Gründe um die Gründe der Mitglieder dieser Gruppe, die das SFN wieder verlassen haben, so verschiebt sich das Bild nur unwesentlich (kursive Anzahl).
Dies lässt darauf schließen, dass bei den SuS, die das SFN besuchen, in der Regel eine hohe intrinsische Motivation vorliegt.

7 Beobachtung aus dem Anmeldezeitraum und mündliche Information von KP Haupt

5.3 Beratungsgrundsätze und Beratungssituationen am SFN

Für die Berater am SFN gelten Leitlinien bei der Arbeit, die ausführlich auf der Homepage des SFNs zu finden sind[8]. Zusammenfassend gilt der Grundsatz von Maria Montessori: „Hilf mir, es selbst zu tun!“ In kurzer Form stellt Haupt die Grundsätze der Beratungsarbeit am SFN in seinem Vortrag [Hau14] vor. Dort nennt er das Geben von Denkanstößen und das Herausfordern der Teams über eigene Grenzen hinauszugehen. Die Teams werden motiviert an ihren Projekten zu arbeiten, aber es wird auch erwartet, dass sie dies ohne Kontrolle tun[9]. Desweiteren wird von Haupt die „Gratwanderung zwischen Loslassen und Beraten“ genannt[10]. Letztendlich entscheidet das Team.

Da am SFN auch – zeitlich begrenzte – fachliche Beratungen[11] stattfinden, sonst aber vor allem die Grundsätze des Coachings gelten, liegt hier eine Mischform von Coaching und Lerncoaching vor, mit der Besonderheit, dass keine Abhängigkeit zwischen den Beratern und den SuS besteht und das Verhältnis symmetrisch ist (siehe Kapitel 4). In einem Interview (Interview 12, S.xxxv ff.) beschreibt Haupt, wie er sich das Vorgehen bei den verschiedenen Beratungssituationen im SFN (Themensuche, Projektdurchführung und Konfliktsituationen) vorstellt.

8 http://physikclub.de/informationen-uber-den-physikclub/leitlinien-unserer-arbeit/leitlinien-fur-mitarbeiter-und-berater, [Lei15b]

9 Dies entspricht dem Prinzip der Selbstbestimmtheit (siehe Kapitel 3)

10 Dies deckt das Prinzip der Sicherheit und das Prinzip des Vertrauens ab (siehe Kapitel 3)

11 Dies findet im Rahmen des Prinzips der Veranschaulichung statt (siehe Kapitel 3).

Beratung bei der Themensuche

Die Situation bei der Themensuche – meist zu Beginn des Schuljahres – beschreiben Haupt und Holfeld [HH14, S.145] wie folgt:

> „Die Schüler haben im Allgemeinen keine richtige Vorstellung, mit welchem Projekt sie beginnen könnten. Sie probieren verschiedene Experimente aus Physik, Chemie oder Biologie aus und schauen anderen Gruppen zu. Diese Phase ist für die Berater manchmal sehr belastend. Die Jugendlichen wirken teilweise unmotiviert, springen von einer Idee zur anderen und sind nicht bereit, sich mit einem Projekt intensiv zu beschäftigen“

Hier wird im SFN sehr intensiv beraten (siehe dazu die Interviews 1, 3, 4, 13). Es müssen die Fähigkeiten des Teams und seine Interessen festgestellt werden, damit eine Entscheidung getroffen werden kann, ob das vom Team anvisierte Projekt zum Team passt[12]. Dafür werden intensive Gespräche mit dem Team geführt, wobei jedoch von den Teams gefordert wird, dass sie zunächst ihre Vorstellungen äußern. Teams beschreiben ihr Vorgehen hier so, dass sie entweder sich Projekte aus der Liste auswählen, sich diese von einem Berater präsentieren lassen oder „ganz wild Ideen sammeln“ und diese dann mit Hilfe eines Beraters so strukturieren, dass sie daraus eine umsetzbare eigene Projektidee entwickeln[13]:
Team A, das in Kapitel 8 vorgestellt wird, beschreibt den Prozess der Themenfindung wie folgt:

Interview 9 (Team bestehend aus vier Schülern der 8. Klasse):

S1: Wir haben uns hingesetzt und haben uns die verschiedenen Projekte zeigen lassen, haben uns drei Favoriten ausgewählt und dann entschieden.

S2: Wir haben ja vor den Sommerferien schon mal zwei, drei Monate gemacht und nach den Sommerferien haben wir noch mal so einen Bogen bekommen, da konnten wir dann noch mal gucken. Wir wollten uns eigentlich etwas nehmen, das war nichts für uns. Da brauchte man Unimathematik und sehr viel Physik für. Dann konnten wir das nicht nehmen.

...

12 Dies ist das Prinzip der Personalisierung (siehe dazu Kapitel 3).

13 Dies ist das Prinzip der Strukturierung (siehe Kapitel 3).

S3: Dann haben wir uns für Dopplereffekt entschieden und Informatik.

Gente: Weshalb ist es denn letztendlich jetzt die Informatik geworden?

S2: Weil es uns alle interessiert.

S1: Dopplereffekt war eigentlich das Ursprüngliche, aber dann haben wir uns das mit dem Programmieren mal angesehen und fanden das ganz toll. Und haben uns dann dafür entschieden. Dopplereffekt kommt dann demnächst irgendwann, wenn wir mit Informatik fertig sind.

Von einem Team, das bereits über mehrere Jahre Erfahrungen gesammelt hat, wird die Themenfindung folgendermaßen beschrieben.

Interview 10 (bestehend aus einer Schülerin und einem Schüler der 9. Klasse):

S2: Naja, wir lesen uns die Liste durch und suchen uns das Schönste aus.

Gente: Was sind denn Kriterien, wonach ihr sagen würdet, das ist das Schönste?

S1: Einfach so, was uns halt so gefällt. Also in Biologie würden wir jetzt nicht so was machen, sondern eher etwas mit Experimenten oder so und halt auch aus dem Alltag.

S2: Und was, wo man dann wirklich miterleben kann. Wo man entweder viel experimentieren kann oder was halt dann wirklich interessant vom Thema her ist und wo man auch schon so 'ne Idee hat, was man machen könnte. Oder dann auch eigenständig ein Projekt überlegen, zum Beispiel unser letztes Projekt [...] haben wir uns auch selbst überlegt.

Gente: Und wenn ihr euch ein Überthema gesucht habt, wie geht ihr dann weiter vor?

S1: Dann schauen wir erstmal, also wenn das ein vorgeschlagenes Projekt ist, dann lesen wir uns das mal durch und schauen dann welcher Betreuer das anbietet, reden dann mit dem Betreuer und dann sagt der Betreuer halt, womit wir anfangen könnten und dann fangen wir halt an.

S2: Ja, bei der [...] haben wir das auch so gemacht, dass wir überlegt haben, was für Möglichkeiten es gibt, dieses Ziel zu schaffen und haben dann die erste ausprobiert, die erstmal am einfachsten war, die hat dann nicht geklappt, also haben wir uns an die zweite gemacht und halt immer ausprobiert, weil wir es selber nicht so genau wussten und die zweite hat dann funktioniert, mit der dritten haben wir dann nicht weitergemacht. Aber vielleicht kommt das später.

Ein weiteres Team, bestehend aus zwei Schülern der 7. Klasse, beschreibt den Prozess der Themenfindung wie folgt.

Interview 11

S2: Ja, also erstmal hatten wir die wildesten Ideen und haben einfach mal gesammelt, was wir wollen, was nützlich wäre, auch in Katastrophen, was man gegen die tun könnte.
Gente: Du sagtest, ihr hattet die wildesten Ideen. Habt ihr davon noch ein paar?
S1: Ja, also zum Beispiel einen Rucksack mit 8 Beinen, der einen tragen kann. Irgendetwas, was wir gesucht hatten und ... Ich habe einfach irgendwas, ganz viele Sachen ganz wild gesucht und dann haben wir ein bisschen weiter diskutiert, aussortiert wie so 'ne Mindmap erst von sehr grob zu fein.
S1: Nee, ich mein jetzt, wie man das braucht, inwiefern, was unnötig ist und dann aussortiert, was ist eher realistisch, was man hier machen könnte, braucht man das überhaupt und so haben wir das immer aussortiert. [...]
Gente: Und als ihr das Projekt gesucht habt, habt ihr doch wahrscheinlich auch immer mal wieder mit einem Berater gesprochen, oder?
S2: Also am Anfang, die erste Stunde bzw. Doppelstunde, da haben wir halt wirklich nur Ideen gesucht und da haben wir dann auch mal [ausgelassen, Namenssuche Betreuer] ... die wildesten Ideen gesammelt und er [...] hat uns dann so'n bisschen in Bahnen gelenkt, sag ich mal. Zum Beispiel hat er gesagt, dass man noch mal nach Naturkatastrophen suchen kann. Er hat nicht gesagt „guckt mal da nach", sondern er hat gesagt „man könnte auch noch da [unverständlich]"Er hat uns halt in die Grenzen gezeigt und gesagt „Macht nicht immer so viel in eins"[...]. Irgendwann findet man es doof und würde eh aufhören, weil da muss man sich schon voll und ganz drauf konzentrieren.

Ein erfahrenes Team beschreibt folgenderweise die Themensuche.

Interview 7 (Team bestehend aus vier Schülern der 9. Klasse):

S3: Das ist eigentlich so eine Mischung. Erstmal wollen wir natürlich etwas finden, was uns Spaß machen würde und dann haben wir vielleicht ein paar Themen und dann nehmen wir die meisten Themen raus, die eher unrealistisch sind. Und das machen wir meistens.

S4: Also entweder einer sagt „Ich hab 'ne Idee, lass uns machen!" oder wir gucken halt im Internet nach irgendwelchen coolen Sachen und auch nach Sachen, die wir noch nicht gemacht haben. Wir versuchen immer, wenn wir jetzt ein Jahr irgendwas Chemisches gemacht haben, dann eher wieder Astronomie oder sowas.

Haupt sagt in einem Interview (Interview 12, S.xxxv ff.), dass eine gewisse Überforderung – im Sinne von Herausforderung und Weiterentwicklung – des Teams durchaus sinnvoll ist, diese aber nicht so gestaltet sein darf, dass das Projekt von vornherein dem Team aussichtslos erscheint[14]:

Interview 12 (KP Haupt):

„Eine gewisse Überforderung sollte sein, aber nicht so, dass es aussichtslos ist. Andererseits versuchen wir auch, also ich zumindest, auch Herausforderungen zu stellen und rate von reinen Bastelprojekten ab "

Interview 7 (erfahrenes Team, vier Schüler, 9. Klasse):

S3: Man sollte sich schon so 'ne Herausforderung stellen. Zum Beispiel, wie damals mit dem Legoroboter in der 6. oder 7. [....] Wir sind schon ziemlich weit gekommen und das war schon erstaunlich.

S1: Wettbewerbe sind besser als man denkt, weil es ist zwar gut 'ne Menge Spaß zu haben, während man hier arbeitet, und dann schauen so 'ne gewisse Herausforderung zu haben und die kommt dann halt dadurch, weil, wenn wir halt nicht wissen, wir haben halt so'n kleinen Druck, dass wir was schaffen müssen, dann machen wir nicht wirklich viel. Zwei Wochen vor dem Wettbewerb [.... geht im Lachen der Teammitglieder unter]

---

14 Vergleiche dazu auch „Nicht der Berater legt Ziel, Weg und Schwierigkeitsgrad fest, sondern das Schülerteam, auch wenn die Berater durchaus eine fordernde Rolle einnehmen können, um die Schüler so zu entsprechender Leistung anzuspornen.", [HH14, S. 146]

Desweiteren müssen die Teams oft auch fachlich beraten werden, da sie vor einem „Henne-Ei-Problem“ (siehe Interview 6, S.xxxi ff) stehen.

Interview 6 (Ehemaliger des SFNs, nun Berater):

> **B6:** Wenn Teams sich ihre Fragestellung suchen... Also so schwierig ist das eigentlich nicht. Das Problem ist einfach, wenn das Team sich eine Fragestellung sucht, weiß es eigentlich noch gar nichts. Das bedeutet aber auch, wichtiges Wissen, wie beispielsweise Wissen, das sie bräuchten, um zu differenzieren, was können wir tun, was können wir nicht tun, das ist noch nicht da. Das ist so ein Henne-Ei-Problem. Aber das kann man dann durch ein informierendes Gespräch klären.

Bevor sie sich nicht intensiv mit dem Thema beschäftigt haben, können sie in der Regel nicht wissen, was das Thema ihnen vermutlich abverlangen wird und unterschätzen dieses auch oft im Umfang (siehe dazu Interview 3, S.xv ff, Interview 13, S.xli ff). Dies erfordert oft auch Gespräche mit verschiedenen Beratern, wenn fachliche Spezialisten gefragt sind.

Interview 3 (studentischer Berater):

> „Du hast Leute, die schon vollkommen feste Erwartungen haben und die man irgendwie davon abbringen muss, den Fluxkompensator zu bauen.“
> „Das heißt in dem Moment, wo man das Format seines Projektes einschätzen kann und wo man so'n Gefühl bekommt für die Komplexität als Betreuer, da kann man dann relativ schnell sagen, ok, so wird das nichts, aber wenn du hier anfängst, ist das im besten Fall der erste Schritt zur Verwirklichung deines Traums und im schlimmsten Fall ist es schon was, was für sich alleine stehen kann. Und das ist was, was ich in letzter Zeit relativ häufig mache. Dass ich die Leute dann zu solchen schrittweisen Herangehensweisen bewege und dann mit ihnen was erarbeite, wo das Projekt dann auf einmal so strukturiert ist, dass sie schon ganz zufrieden sind, wenn einzelne Schritte funktionieren.“

Interview 13 (Jörg Steiper):

> „Die denken, das ist ratz-fatz erledigt und dabei ist das doch echte Arbeit. Es werden auch in der Presse oder in den Medien falsche Vorstellungen erzeugt, wo dann jahrelange Forschung auf wenige Minuten in einer Doku oder einem Spielflim reduziert wird. Und das wird häufig von den Schülern unterschätzt, dass man dann doch mal längere Zeit recherchieren muss, dass man längere Zeit Messungen durchführen muss und dann es auch mal auswerten muss. Also sie unterschätzen schon den Arbeits- und Zeitaufwand häufig. Wenn sie dann einmal Feuer gefangen haben und in den Flow reingekommen sind, dass das Messen funktioniert und ihre Versuche, dann ist das ein Selbstläufer. Aber diese Fehlvorstellung, dieses Dreitagesprogramm zum Mondflug: Heute entscheide ich, ich fliege zum Mond, morgen kaufe ich die Sachen, übermorgen baue ich es zusammen, in drei Tagen fliege ich los. Das ist grade bei den Jüngeren ein großes Problem. Die haben super Ideen, aber unterschätzen häufig den Zeitaufwand, den sie da investieren müssen."

Es ist hierbei jedoch zu beachten, dass immer dem Team die Entscheidung überlassen wird, welches Projekt es letztendlich durchführen möchte. In Interviews weisen die SuS darauf hin, wie wichtig es für sie ist, dass alle Teammitglieder hinter dem Projekt stehen, damit das Arbeiten gelingen kann. Dies entspricht dem von Haupt und Holfeld genannten Grundsatz:

> „In jedem Fall müssen sich die Schüler mit dem Projekt identifizieren." [HH14, S. 145].

Interview 7 (erfahrenes Team, bestehend aus vier Schülern der 9. Klasse):

> „Erstmal wollen wir natürlich etwas finden, was uns Spaß machen würde und dann haben wir vielleicht ein paar Themen und dann nehmen wir die meisten Themen raus, die eher unrealistisch sind."

Interview 9 (Team bestehend aus vier Schülern der 8. Klasse):

> **S3**: Dann haben wir uns für Dopplereffekt entschieden und Informatik.
>
> **Gente**: Weshalb ist es denn letztendlich jetzt die Informatik geworden?

S2: Weil es uns alle interessiert.
S1: Dopplereffekt war eigentlich das Ursprüngliche, aber dann haben wir uns das mit dem Programmieren mal angesehen und fanden das ganz toll. Und haben uns dann dafür entschieden. Dopplereffekt kommt dann demnächst irgendwann, wenn wir mit Informatik fertig sind.
Zustimmung der anderen Teammitglieder.

Interview 10 (erfahrenes Team, bestehend aus einer Schülerin und einem Schüler der 9. Klasse):

S1: Also erstmal sollten sie [ein neues Team] auch wirklich Interesse daran haben, vielleicht schon ein bisschen Vorwissen und ja, ich glaube am besten wäre ein Projekt, was sie sich selber ausgedacht haben, weil bei uns die [...] ist sehr erfolgreich geworden, also jetzt nicht weltweit, aber für uns war's halt schon groß, und es sollte sie halt selber interessieren.
S2: Ja, man muss halt Interesse an dem Projekt haben.

Beratung bei der Projektdurchführung

Haupt und Holwald schreiben [HH14, S. 145]:

„Im Normalfall beginnt jede Doppelstunde mit einem Gespräch, in dem die Schülergruppe dem zuständigen Berater über den neuesten Stand berichtet, ob das geplante Experiment funktioniert hat, wie es verbessert werden kann und wie man die Arbeit fortsetzen möchte. Die Berater geben Anregungen und Ratschläge[15], aber niemals Lösungen.“

Die (jüngeren) SuS bitten Betreuer immer wieder um konkrete Hinweise zum Vorgehen, da sie aus der Schule noch gewohnt sind, dass ihnen Arbeitsschritte vorgegeben werden (siehe dazu Interview 2, S.xii ff. und Interview 4, S.xxi ff):

15 Vergleiche dazu auch „Eine als hilfreich empfundene Instruktion, die nicht als aufgedrängter Befehl sondern als ernstgemeinter Ratschlag wahrgenommen wird, kann die autonome Wirklichkeitskonstruktion der Lernenden unterstützen“, [Rei13, S. 54]

Interview 2 (Lehrer), Rückblick auf eigene Schul- und Unizeit:

> „An der Schule kam der Lehrer mit seinem Tisch reingefahren, es hat alles funktioniert. An der Uni standen die Versuche schon fertig aufgebaut, man hat sich hingesetzt, gemessen, ist nach Hause gegangen und hat es ausgewertet und so."

Interview 4 (Lehrer):

> „Viele Teams haben in der Regel schon gewisse Schwierigkeiten überhaupt erstmal was selber machen zu dürfen. Sie sind es einfach nicht gewohnt, selbst Entscheidungen zu treffen. Das merk ich immer wieder, wenn sie fragen, ja konkret, ‚Wie soll ich denn jetzt anfangen?', ‚Was soll ich denn jetzt machen?' und ich dann meisten sage: ‚Das weiß ich nicht, das ist doch euer Projekt' und 'ne gewisse Hilflosigkeit erst mal und ist auch verständlich, weil die so was ja selten vielleicht gerade im Bereich Schule sehr selten [erleben], dass sie was ganz frei tun dürfen und nur Unterstützung von uns dafür kriegen."

Hierauf verweist Haupt auch wieder im Interview (Interview 12, S.xxxv ff.).

Interview 12 (KP Haupt):

> „Später, während des Ablaufs, sollte die Beratung immer mehr rücknehmend sein. Also eher mal ‚Was macht ihr?', sich berichten lassen und an den Berichten merken, ob Bedarf für eine Beratung besteht oder nicht. Die Frage ‚Kann ich euch helfen?' ist nicht angebracht, weil die wird meist nur mit ‚Nein!' beantwortet. Aber fragen ‚Erzählt mal, was macht ihr denn gerade?', da kann man durchaus Aufschlüsse daraus kriegen und dann punktuell dann auch beraten. Was ich nicht mache, dann bei diesem Team bleiben. Die Beratungssituation ist für mich eine zeitlich sehr begrenzte Situation und dann gehe ich weg und überlasse dem Team es entweder, das zu verarbeiten, sich jemand anders zu suchen, weil sie mit meiner Vorstellung nicht einverstanden sind oder nochmal nachzufragen, wenn sie sagen, sie haben was nicht verstanden oder sehen andere Probleme. Aber ich bleibe nicht dabei. Einerseits, damit keine Kontrolle entsteht, sie nicht das Gefühl haben, die Umsetzung wird jetzt kontrolliert. Andererseits, damit sie sich frei über diese Beratung äußern können."

Interview 4 (Lehrer):

„Ich glaub die Kunst ist für mich allgemein bei der ganzen Arbeit hier, dass man punktuell sehr konkrete Hilfen, manchmal auch einen kleinen Schubs ‚probier das doch mal' oder ‚guck doch mal da' oder so gibt und sie dann wieder in Ruhe lässt."

Interview 2 (Lehrer):

„Möglichst nicht zu viel vorgeben, wenn ich 'ne eigene Meinung habe, sondern das auch als meine Meinung abzugrenzen und zu sagen ‚Ich könnte mir vorstellen so und so ist es, ich weiß es aber nicht so genau, macht euch mal selber Gedanken, fragt mal wen anders' und sie halt wirklich in diesen Denk- und Entwicklungsprozess so'n bisschen reinzukriegen. "

Aus dem Gespräch mit dem Team muss der Berater erschließen, an welcher Stelle Beratungsbedarf vorliegt und sollte sich nach der Beratung aber auch wieder zurückziehen, damit das Team in Ruhe überlegen kann, ob es den Ratschlag annehmen möchte oder nicht, und keine Kontrollsituation entsteht. Es darf durchaus auch eine kurze Instruktion (siehe auch Interview 13, S.xli ff) stattfinden, die Konstruktion muss jedoch dem Team wieder überlassen werden[16].

Interview 13 (Jörg Steiper):

„Wir sollten nicht eingreifen bei Problemen, die die Schüler selber lösen können und auch selber lösen wollen. Nicht das Projekt für die quasi vorarbeiten und denen wesentliche Handlungsschritte abnehmen, die die Schüler als Teil ihres Projekts sehen. Unsere Aufgabe ist eher den Arbeitsprozess am Laufen zu halten. Eben zu schauen, wo tritt das Team auf der Stelle, wo kann ich denn da durch einen kurzen Input eine Hilfe geben, dass sie wieder ins Arbeiten kommen. Das kann durchaus mal eine fachliche Frage sein, dass sie an einer Stelle sitzen, mit einer Gleichung nicht weiterkommen oder nicht wissen, wie sie konkret ein Experiment auswerten oder konkret ein Experiment aufbauen, aber dann sollte man sich, wenn man dieses eine Problem gelöst hat, dann wieder zurückziehen und die dann machen lassen."

16 siehe dazu auch „Wissensaufbau aktiv gestalten", [Man06]

Einige Wochen nach Schuljahresbeginn werden die Teams aufgefordert einen Bogen bezüglich ihrer Ziele für die nächsten beiden Wochen und den Rest des Halbjahres auszufüllen und abzugeben, und so – eventuell gemeinsam mit einem Berater – eine erste Standortbestimmung durchzuführen.
Teams beschreiben in Interviews ihr Vorgehen bei der Projektdurchführung so, dass sie es für sinnvoll erachten, wenn man „sich einen Plan macht". Darunter verstehen sie die Strukturierung des Projekts in sinnvolle Unterschritte.

Interview 7 (erfahrenes Team, bestehend aus vier Schülern der 9. Klasse):

> **S1**: Wir haben das Projekt und dann informieren wir uns so ein bisschen darüber, was wir so machen, und dann machen wir eigentlich schon direkt irgendwas. Wir haben eigentlich nie so ein richtiges Konzept, wie man das durchführt, oder so, fangen einfach an und dann gucken wir, was sich so anbietet. [...]
> **Gente**: Hat das bei allen Projekten gleich gut geklappt, das Anfangen?
> **S1**: Nein, es hat definitiv nicht immer gut geklappt. Es ist schon gut, wenn man sich erstmal 'nen Plan macht, was man machen soll.Wir haben das jetzt nicht immer so gemacht, deswegen.
> **Gente**: Aber ihr habt gemerkt, wenn ihr euch nen Plan macht, dann läuft es besser?
> **S1**: mmh

Ein anderes Team beschreibt sein Vorgehen so, dass sie verschiedene alternative Vorgehensweisen erarbeitet haben, und diese dann systematisch durchprobiert haben.
Interview 10 (erfahrenes Team, bestehend aus einer Schülerin und einem Schüler der 9. Klasse):

> **S1**: Dann schauen wir erstmal, also wenn das ein vorgeschlagenes Projekt ist, dann lesen wir uns das mal durch und schauen dann, welcher Betreuer das anbietet, reden dann mit dem Betreuer und dann sagt der Betreuer halt, womit wir anfangen könnten und dann fangen wir halt an.
> **S2**: Ja, bei der [...] haben wir das auch so gemacht, dass wir überlegt haben, was für Möglichkeiten es gibt, dieses Ziel zu schaffen und

haben dann die erste ausprobiert, die erstmal am einfachsten war, die hat dann nicht geklappt, also haben wir uns an die zweite gemacht und halt immer ausprobiert, weil wir es selber nicht so genau wussten und die zweite hat dann funktioniert, mit der dritten haben wir dann nicht weitergemacht. Aber vielleicht kommt das später.

Hierbei kann wieder der Berater ins Spiel kommen um das Team bei der Suche nach Unterschritten und Vorgehensweisen zu beraten oder zu diesem Vorgehen anzuregen.

Beratung in Konfliktsituationen

In den meisten Teams treten im Verlauf des Projekts Konflikte auf (siehe dazu Interview 12, S.xxxv ff. (Zitat unten) und Interview 5, S.xxvii ff.)

Interview 12 (KP Haupt):

„[Teamarbeit] Ist immer mit Konflikten verbunden und ich kenne kein Team, das vollkommen konfliktfrei über die gesamte Zeit gearbeitet hat. Ganz häufig, wenn wir merken, dass diese Konflikte tiefgreifend sind oder sagen wir mal die Arbeit negativ beeinflussen, dann führen wir Gespräche. Oder aber auch, wenn Teammitglieder kommen und sagen ‚Mit dem will ich nicht, mit dem kann ich nicht!‘ oder ‚Den will ich raus haben!‘. Dann versuchen wir zu vermitteln. Jeden im Team zu Wort kommen zu lassen und versuchen diesen Konflikt so darzustellen, dass sie ihn selbst abbauen können. Aber Teamfähigkeit ist etwas, was nahezu bei allen ein ganz großer Mangel ist. Bei den Kleinen, die sich wegen der Winzigkeit streiten und kloppen und ablenken und bei den Großen, die teilweise wirklich sich gegenseitig angreifen und gegenseitig beschuldigen bestimmte Dinge zu tun, nicht zu tun, bis in den privaten Bereich hinein.“

Interview 5 (Berater):

„Bei Konflikten ist es so, dass ich – und das machen auch viele andere Betreuer so – dass wir extra Gesprächstermine anberaumen. Wobei wir darauf achten, dass alle Beteiligten auch da sind und es geht dann eigentlich nur um eine Moderation, um eine Darstellung, dass jeder mal wirklich seine Position unwidersprochen auf den Tisch legen kann und dann gemeinsam das Team versucht eine Lösung zu finden. In der Regel sollte so ein Gespräch nicht ohne Lösungsidee enden und sie das möglichst selbst managen. "

Auch hierbei gilt nach Haupt, dass die Teams die Lösung des Konflikts weitestgehend selbst erarbeiten sollen. Sie können dafür aber Unterstützung erhalten, zum Beispiel in Form von Gesprächen, bei denen von Beratern darauf geachtet wird, dass jedes Teammitglied seine Position darstellen darf.

6 Lösungsansätze aus Theorie und aktueller Praxis am SFN

Im Folgenden werden Lösungsansätze aus der Theorie und der aktuellen Praxis am SFN zur Bewältigung von Schwierigkeiten bei der Projektwahl, zur Anregung der Reflexion des eigenen Arbeitsprozesses während der Projektdurchführung und zur Teamentwicklung vorgestellt.

Projektwahl

Am SFN ist zur Unterstützung der SuS bei der Projektwahl ein intensives Beratungsgespräch vorgesehen, bei dem im Dialog mit den SuS überlegt wird, was die Interessen der SuS sind und welches Projekt passen könnte. In dem Gespräch können die SuS eigene Vorschläge äußern oder Themen aus der Projektliste aufzeigen, die sie interessant finden (für eine ausführliche Beschreibung der Beratung siehe Kapitel 5.3). Für den Regelunterricht gibt es Ansätze, Forschungsfragen oder zumindest das Themengebiet den SuS vorzugeben (siehe dazu Frau Dr. Gräf in Kapitel 10.3 und [Rei13]).

Projektdurchführung

Gängige Praxis ist am SFN die Beratung durch Gespräche während der Durchführung eines Projekts. Typisch ist es hierbei, sich von den SuS berichten zu lassen, woran sie gerade arbeiten, und wie sie ihr weiteres Vorgehen planen. Auf Grund dieses Gesprächs werden dann gezielte Anregungen gegeben oder Unterstützung – auch fachlich – angeboten (siehe dazu auch Kapitel 5.3).

Um den eigenen Arbeitsprozess zu beleuchten, können Ergebnis- oder Lernportfolios oder Lernjournale (siehe dazu auch [Ler15] und

[Esc08]) angelegt werden. Ein Ergebnisportfolio enthält gelungene Arbeitsergebnisse. Im Gegensatz dazu werden im Lernportfolio Lernentwicklungen dokumentiert und können kommentiert werden. In einem Lernjournal werden Eintragungen über das eigene Vorgehen und den Arbeitsprozess gemacht („Was war gelungen?“ , „Wo gab es Probleme?“ , ...)

Teamfindung

Um die Teamfindung zu unterstützen, gibt es Ansätze aus der Erlebnispädagogik, wie zum Beispiel das gemeinsame Durchklettern einer Route im Kletterwald oder den Einsatz von Spielen, die die Kooperation der SuS untereinander fördern (siehe dazu [Ben11]).

Ein Ansatz mit Coaching hingegen ist es, gemeinsam mit dem Team auftretende Probleme zu thematisieren und das Team zur Lösung zu führen (siehe dazu auch Interview Haupt, Interview 12, S.xxxv ff und Kapitel 5.3).

7 Schwierigkeiten beim Einstieg in das Forschende Lernen: Literatur und Beobachtungen

In der mir bekannten Literatur war keine direkte Auflistung von Schwierigkeiten beim Einstieg in das Forschende Lernen zu finden. Es gibt allerdings Quellen, in denen Voraussetzungen, Fähigkeiten und Kompetenzen genannt werden, die für Forschendes Lernen notwendig sind. Im Umkehrschluss kann davon ausgegangen werden, dass Schwierigkeiten entstehen, wenn diese nicht gegeben oder noch nicht genügend weit entwickelt sind.

In den Anmerkungen zu Kapitel 5.3 wurde bereits gezeigt, wo die Prinzipien Forschenden Lernens nach Reitinger am SFN beim Coaching Berücksichtigung finden. Diese Prinzipien werden unten den Bausteinen von Haupt zur Vorbereitung auf das Forschende Lernen zugeordnet.

Haupt stellt unter anderem in einem Vortrag von 2014 [Hau14] seine Bausteine zur Vorbereitung auf Forschendes Lernen vor. Diese können im Regelunterricht eingesetzt werden, um dort Forschendes Lernen vorzubereiten oder aber auch gezielt genutzt werden, um zum Beispiel an einem Schülerforschungszentrum Teams beim Forschenden Lernen, auch im Sinne von Forschung, zu unterstützen und zu trainieren. Diese Bausteine sind (in Klammern die zugehörigen Prinzipien Forschenden Lernens[1] nach Reitinger (siehe Kapitel 3)):

- Selbstvertrauen schaffen (Prinzip der Sicherheit und Prinzip des Vertrauens)
- Fehler als Möglichkeit zum Lernen erkennen (Prinzip der Sicherheit und Prinzip des Vertrauens)

1 Das Prinzip der Veranschaulichung, das durch gezielte Instruktionen abgedeckt wird, ist in den Bausteinen nicht enthalten, da es den Part beinhaltet, der dem Lehrer oder Betreuer zukommt, wenn er als fachlicher Berater auftritt. Siehe [Rei13, S.53]: „Dort, wo die selbständig Forschenden und Lernenden an ihre Grenzen gelangen, werden Lernbegleiter gefordert, über eine Veranschaulichung des Kontexts Lernhilfe zu leisten."

- sich selbst einschätzen (Prinzip der Personalisierung)
- sprachliche Kompetenzen entwickeln
- Fragen stellen können (Prinzip der Personalisierung)
- Miteinander kooperieren
- Lesen lernen
- Das eigene Üben organisieren und kontrollieren (Prinzip der Selbstbestimmtheit)
- Notizen machen und dokumentieren (Prinzip der Selbstbestimmtheit)

Laut [BH09, S.29] werden für das Durchführen einer selbstständigen Arbeit (Die Autoren betrachten vor allem Matura-Arbeiten, die jedoch vom Anspruch her durchaus mit den am SFN angefertigten Arbeiten verglichen werden können) von den SuS folgende Kompetenzen benötigt:

- Themenkompetenz
- überfachliche Methodenkompetenz
- fachliche Methodenkompetenz
- Kommunikationskompetenz
- Sozialkompetenz

Diese Kompetenzen und die Bausteine bringe ich in der Graphik (Abbildung 7.1) miteinander in Beziehung. Die Basis des Ganzen bildet der Baustein „Selbstvertrauen". Dies wird ausgebildet, wenn die Prinzipien der Sicherheit und des Vertrauens nach Reitinger (siehe Kapitel 3) gegeben sind, und ist notwendig, damit der Mut für eigene Entdeckungen und Ideen aufgebracht werden kann[2]. Ist dieses gegeben, so kann die Sozialkompetenz ausgebaut werden bzw. der Baustein „miteinander kooperieren" gelingen.

Da im SFN viel Wert auf Teamarbeit gelegt wird und von mir auch nur Teams untersucht wurden, sind die Sozialkompetenz bzw. „kooperieren können" die Voraussetzung dafür, dass die weiteren Kompetenzen und die zugeordneten Bausteine in dem inneren Oval im Team ausgebaut bzw. gelingen können. Diese Kompetenzen und Bausteine bedingen sich wechselseitig, was ich durch die Pfeile dargestellt habe. Ist folglich eine der Kompetenzen bzw. ein Baustein nicht oder nur

2 Siehe hierzu auch Interview 2, S.xiiff; siehe auch [Lan06, S.55]: „Für die Motiviertheit im Unterricht ist offensichtlich das Bild bedeutsam, das Schüler von sich selbst und ihren eigenen Fähigkeiten haben."

schwach vorhanden, hat dies direkte oder indirekte Auswirkungen auf andere Kompetenzen bzw. Bausteine. Da es den Rahmen dieser Arbeit sprengen würde, alle Kompetenzen bzw. Bausteine zu beleuchten, werden hier exemplarisch untersuchte Punkte dargestellt.
Die **Themenkompetenz** umfasst nach [BH09] die Fähigkeit ein klar umrissenes Thema zu entwickeln, dieses dann zu einer Fragestellung einzuschränken, einen Arbeitsplan zu entwickeln und sich die nötigen Informationen für das eigene Vorhaben zu beschaffen. Dementsprechend umfasst dies in den Bausteinen zur Vorbereitung von Forschendem Lernen der Punkt „Fragen stellen können".

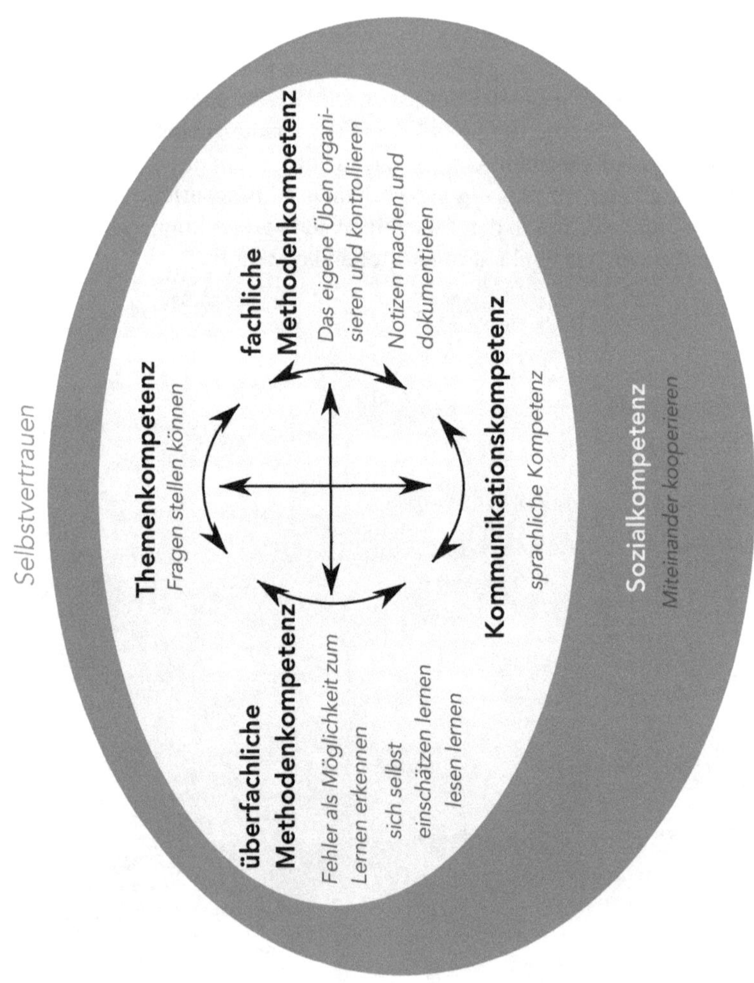

Abbildung 7.1: In der Abbildung bringe ich die Bausteine nach Haupt (kursiv) [Hau14] und Kompetenzen nach Bonati und Hadorn (fett) [BH09] in Verbindung.

7.1 Beobachtungen zur Themenfindung

Grundlegende Beobachtungen zur Projektwahl

Die von mir befragten SuS beschreiben ihr Vorgehen bei der Projektwahl wie folgt: Es wird die Projektliste durchgeschaut, im Internet gesucht oder sich selbst etwas überlegt und „die wildesten Ideen gesammelt". Diese müssen nun strukturiert und sortiert werden. Dies nehmen zum einen die Teams vor, indem sie die Ideen nach ihren Interessen sortieren. Zum anderen erhalten sie an dieser Stelle wertvolle Informationen und Anregungen von den Betreuern, damit sie einschätzen können, welche Fertigkeiten und welche Voraussetzung die Bearbeitung des Projekts von ihnen verlangt (zum Beispiel Interview 12, S.xxxv ff, Interview 4, S.xxi ff, Interview 3, S.xv ff).

Interview 12 (KP Haupt):

„Bei der Beratung am Anfang bei der Projektwahl müssen wir sehr intensiv beraten. Weil die, die hierherkommen, in der Regel keine Vorstellung haben von Projekten. Und wir müssen durchaus versuchen abzuschätzen, ob das Projekt für diese Gruppe oder diese Person geeignet ist. Ich mache das immer so, dass ich mir aus dieser Liste so 5, 6 Beispiele geben lasse, die die gerne machen würden und dann kommentiere ich diese Beispiele und gucke auf die Reaktionen. Wenn ich dann also sage, da braucht man sehr viel Mathematik mit Integralen und dann guckt jemand schon skeptisch, dann weiß ich, ich sollte eher von der Theorie abraten und versuche dann sozusagen ein Thema zu finden, was einerseits dem Team gefällt, es andererseits aber nicht von vornherein überfordert. Eine gewisse Überforderung sollte sein, aber nicht so, dass es aussichtslos ist. Andererseits versuchen wir auch, also ich zumindest, auch Herausforderungen zu stellen und rate von reinen Bastelprojekten ab. Wenn die Älteren kommen und wollen letztendlich nur etwas zusammenschrauben, lehne ich es auch mal grundlegend ab und sage, das ist nicht unsere Aufgabe. Ihr müsst eine Fragestellung entwickeln."

Interview 4 (Lehrer):

„Bei der Projektfindung, ganz wichtig finde ich, sie auch erstmal selber gucken zu lassen. Oft kommen sie ja mit Ideen und sagen, wir wollen das und das. Das ist aber oft sehr sehr schwammig, ‚wir wollen irgendwas mit Elektronik machen‘ oder ‚wir wollen irgendeinen Roboter bauen‘ oder irgendsowas. Dann muss man natürlich versuchen auszuschärfen, wie genau könnte das denn sein, dass das Projekt nicht in so einer schwammigen Beliebigkeit stecken bleibt, weil ich glaube, die brauchen sehr konkrete Projektziele in aller Regel. In aller Regel sind das sehr wenige Teams, die mit einer sehr offenen Projektfragestellung erst mal klar kommen und dann erst merken, das passiert natürlich auch, das Thema gibt zu viel her, ich muss ein bisschen eingrenzen oder ein Aspekt interessiert mich besonders, den möchte ich untersuchen. Aber ansonsten eben das Abklopfen mit ihnen schon sehr sehr genau und das habe ich auch im Laufe der Jahre, glaub ich, gelernt. Am Anfang dachte ich, man muss bei der Projektauswahl sehr wenig tun. Ich denke inzwischen, das ist ein sehr sehr wichtiger Punkt, wo man hinterfragen muss ‚wollt ihr das wirklich?‘. Und möglicherweise darauf hinweist, in euerm Projekt werdet ihr sehr viel Mathematik brauchen oder ihr werdet Programmieren lernen müssen oder ihr werdet mit Elektronik konfrontiert werden. Dass ihnen schon klar ist, wenn sie das erfolgreich bis zum Ende machen wollen oder erfolgreich – das definieren sie natürlich selber – sie wissen, dass da auch ganz bestimmte Hürden dabei sind, denen sie auf Dauer auch nicht aus dem Weg gehen können. Und das abzuklopfen und zu sagen, ist das wirklich euer Interesse, vielleicht auch noch mal ‚Ihr habt euch jetzt drei Vorschläge ausgesucht, überlegt noch mal 'ne Woche, vielleicht recherchiert schon mal, was es da gibt, und dann reden wir auch noch mal drüber.‘ Also für die Projektauswahl sich wirklich Zeit nehmen.“

Interview 3 (studentischer Betreuer):

„Du hast Leute, die schon vollkommen feste Erwartungen haben und die man irgendwie davon abbringen muss, den Fluxkompensator zu bauen. Man erzählt denen einen Monat lang einfach nur, das wird nichts. Das ist zu viel, du überforderst dich, das wird alles nicht funktionieren und irgendwann merken sie es dann und besinnen sich tatsächlich darauf, weil sie halt nicht scheitern wollten. “

„Das heißt in dem Moment, wo man das Format seines Projektes einschätzen kann und wo man so'n Gefühl bekommt für die Komplexität als Betreuer, da kann man dann relativ schnell sagen, ok, so wird das nichts, aber wenn du hier anfängst ist das im besten Fall der erste Schritt zur Verwirklichung deines Traums und im schlimmsten Fall ist es schon was, was für sich alleine stehen kann. Und das ist was, was ich in letzter Zeit relativ häufig mache. Dass ich die Leute dann zu solchen schrittweisen Herangehensweisen bewege und dann mit ihnen was erarbeite, wo das Projekt dann auf einmal so strukturiert ist, dass sie schon ganz zufrieden sind, wenn einzelne Schritte funktionieren. "

So können hier wieder erste Korrekturen vorgenommen werden, wenn zum Beispiel höhere Mathematik verlangt wird, das Team aber noch in der Mittelstufe ist.

Interview 9 (Team bestehend aus vier Schülern der 8. Klasse):
„Wir wollten uns eigentlich etwas nehmen, das war nichts für uns. Da brauchte man Unimathematik und sehr viel Physik für. Dann konnten wir das nicht nehmen. "

Beobachtung und Durchführung von Beratungsgesprächen zur Projektwahl

Es zeigt sich bei der Beobachtung und der Durchführung von Beratungsgesprächen zur Projektwahl, dass die Themenkompetenz bei vielen SuS noch entwickelt werden muss. Teils sind populärwissenschaftliche Vorstellungen und Ideen aus Science Fiction die Grundlage für erste eigene Ideen, wie zum Beispiel die Entwicklung eines kompletten Exoskeletts oder der Bau eines schwebenden Sofas. Auch führt die Darstellung von Wissenschaft in den Medien oft dazu, dass der Aufwand einer Forschungsprojekts von den SuS deutlich unterschätzt wird (Interview 13, S.xli ff).

Interview 13 (Jörg Steiper):
„Womit Schüler meistens ein Problem haben, ist, dass sie den Aufwand unterschätzen. Die dann eine gute Idee haben oder einen Projektvorschlag, den wir haben, interessant finden, aber dann den Aufwand unterschätzen. Die denken, das ist ratz-fatz erledigt und dabei ist das doch echte Arbeit. Es werden auch in der Presse oder in den Medien falsche Vorstellungen erzeugt, wo dann jahrelange

> Forschung auf wenige Minuten in einer Doku oder einem Spielflim reduziert wird. Und das wird häufig von den Schülern unterschätzt, dass man dann doch mal längere Zeit recherchieren muss, dass man längere Zeit Messungen durchführen muss und dann es auch mal auswerten muss."

> „Aber diese Fehlvorstellung, dieses Dreitagesprogramm zum Mondflug: Heute entscheide ich, ich fliege zum Mond, morgen kaufe ich die Sachen, übermorgen baue ich es zusammen, in drei Tagen fliege ich los. Das ist grade bei den Jüngeren ein großes Problem. Die haben super Ideen, aber unterschätzen häufig den Zeitaufwand, den sie da investieren müssen."

Teils werden Themen als unattraktiv abgetan, wenn sie vermeintlich einfach zu bearbeiten sind. Zum Beispiel verwarf eine Gruppe die Entwicklung einer automatischen Belüftung zur Reduktion des CO_2-Gehalts in Klassenzimmern, weil sie der Überzeugung waren, die Problematik in zu kurzer Zeit lösen zu können.

Werden Projektthemen aus der Projektliste gewählt, ist die Schwierigkeit vorhanden, dass die SuS öfters selbst nicht absehen können, welche Fähigkeiten und welches Wissen ihnen das Projekt bzw. der Erwerb der für das Projekt nötigen Fähigkeiten und des benötigten Wissens abverlangen.

Beobachtung von Coaching zur Projektwahl

Bei allen drei zuvor genannten Problematiken kann durch Coaching den Teams geholfen werden.

Haben die SuS eigene Vorstellungen, die deutlich zu hochgegriffen sind und zu Projekten führen, die sie nicht verwirklichen können (wie das schwebende Sofa oder das Exoskelett), so hat es sich als hilfreich herausgestellt, wenn sie im Gespräch auf die Problematik aufmerksam gemacht werden und selbst erkennen, dass das Projekt so nicht verwirklicht werden kann. Hierbei zeigte sich, dass vor allem Hinweise auf Sicherheitsaspekte („Wenn die Raketen unter deinem Sofa explodieren, wird das gefährlich!"oder „Wie wollt ihr bei dem Exoskelett gewährleisten, dass es den Träger durch falsche Bewegungen nicht verletzt?") überzeugend wirken. Auch die Reduktion auf einen Teilaspekt des ursprünglichen Plans wird akzeptiert („Baut erst mal ein Gelenk für einen Arm eines Exoskeletts!"). Dies lässt dem Team die Möglichkeit, den ursprünglichen Plan nicht komplett aufgeben zu müssen. Hinweise auf einen hohen Arbeitsaufwand und dass für ein Exoskelett im Normalfall große Teams von Wissenschaftlern zusammenarbeiten, werden nicht so gut angenommen wie die Hinweise auf den Sicherheitsaspekt. In den beiden beschriebenen Fällen entschieden die Teams sich nach der Beratung für ein anderes Projekt und hatten die Problematik der ursprünglichen Ideen nachvollziehen können und akzeptiert. Es kostete den Schüler, der den Plan des fliegenden Sofas verfolgte, jedoch einiges an Überwindung, seine Idee aufzugeben, was sich darin zeigte, dass bei der ersten Sichtung der Projektliste nach einer alternativen Idee alles als uninteressant abgetan wurde. Dementsprechend muss in solchen Fällen auch den SuS Zeit eingeräumt werden mit ihren Vorstellungen und Ideen wieder ins Reine zu kommen.

Der zweite oben genannte Punkt, dass Vorwissen und benötigte Fähigkeiten bei der Auswahl von Projekten aus der Projektliste nicht immer richtig eingeschätzt werden, lässt sich durch ein informierendes Gespräch behandeln (Interview 6, S.xxxi ff):

Interview 6 (ehemaliger des SFNs, nun Berater):

„Das Problem ist einfach: wenn das Team sich eine Fragestellung sucht, weiß es eigentlich noch gar nichts. Das bedeutet aber auch, wichtiges Wissen, wie beispielsweise Wissen, das sie bräuchten, um zu differenzieren, was können wir tun, was können wir nicht

> tun, das ist noch nicht da. Das ist so ein Henne-Ei-Problem. Aber das kann man dann durch ein informierendes Gespräch klären."

Auch von einer Schülerin wird im Interview empfohlen, dass man mit einem Projekt beginnen sollte, für das man schon etwas Vorwissen mitbringt.

Interview 10 (erfahrenes Team, bestehend aus einer Schülerin und einem Schüler der 9. Klasse):

> **S1**: Also erstmal sollten sie auch wirklich Interesse daran haben, vielleicht schon ein bisschen Vorwissen [...]

Der Berater hakt an dieser Stelle ein, indem er das Team befragt, welche Punkte vom benötigten Vorwissen und benötigten Fähigkeiten vorhanden sind bzw. wie viel das Team investieren möchte, um diese zu erwerben. Hierbei war zu beobachten, dass zum Beispiel ein Team sehr zugänglich war, als es erfuhr, dass ihre Mathematikkenntnisse zur Zeit noch nicht ausreichen und sie daher erst über einen langen Zeitraum sich nur mit Grundlagen der höheren Mathematik beschäftigen müssten, und verwarf daraufhin von sich aus das Thema. Auch weitere beobachtete Teams „klammerten" sich nicht an Themen aus der Liste, wenn ähnliche Situationen auftraten.

Werden Themen, die beim ersten Sammeln von Ideen von der Gruppe aufkommen, als zu einfach abgetan, so kann hier auch im Gespräch aufgezeigt werden, welche Aspekte zu dem Thema gehören und besprochen werden, wie umfangreich die Behandlung des Themas voraussichtlich sein wird. Die beobachtete Gruppe zeigte sich hierfür nicht zugänglich, lehnte das Thema weiterhin ab und wandte sich wieder Themen zu, die schwer zu verwirklichen bis unrealistisch sind.

Folgerung

Eine Korrektur des Themas ist leichter vorzunehmen, wenn Themen aus der Projektliste verwendet werden, als wenn das Team mit einer eigenen Vorstellung des Themas kommt oder Themen bereits auf Grund festgefügter Vorstellungen verworfen hat.

Erklärungsansatz und Konsequenzen für das Coaching

Wird aus der Projektliste ausgewählt, so hat noch keine länger vorhergehende Identifikation des Teams mit dem Thema stattgefunden. Hat das Team sich jedoch, oder unter Umständen auch nur eines der Teammitglieder, schon eine Vorstellung von einem selbstausgedachten Projekt[3] gemacht, so wird es schwer, davon wieder abzulassen. Dies zeigt sich in den betrachteten Beispielen auch daran, dass eine andere Strategie des Coachings verwendet werden muss: Bei Themen aus der Liste genügte die Nachfrage nach Vorwissen und Fertigkeiten oder der Hinweis darauf, um nötigenfalls ein Umschwenken zu erzeugen. Bei selbstausgedachten Themen überzeugte dies nicht, sondern der Hinweis auf Sicherheitsaspekte, d.h. auf Problematiken, die der Absicht des Projekts („Unser Exoskelett soll Menschen helfen können!") zuwider liefen.

7.2 Beobachtungen zur Durchführung von Projekten

Grundlegende Beobachtungen zur Durchführung von Projekten

Die SuS beschreiben, dass sie es als hilfreich betrachten, wenn man sich einen Plan für das Projekt überlegt, d.h. es sinnvoll in Unterschritte zergliedert.

Interview 7 (erfahrenes Team, bestehend aus vier Schülern der 9. Klasse):

S1: „Ja erstmal gucken, was man erreichen will. Also nicht nur jetzt sagen ‚Ich will einen Legoroboter, der die Treppe runterläuft', sondern auch so Unterschritte wie ‚Ich will Programmieren lernen' ich würde das so machen und dann sich ein Konzept machen, wie soll der aussehen, und welche Programmiersprache."

S3: „Nicht, dass man sich gleich 'ne Lego-Kiste schnappt und denkt,

3 Mehrere Teams empfehlen im Interview das Durchführen von eigenen Projektideen. Somit wird dadurch die Bedeutung für die SuS von eigenen Projektideen (Prinzip der Personalisierung) gut hervorgehoben.

jetzt baue ich das mal eben, sondern erstmal überlegt; zum Beispiel gibt's im Internet auch Tipps dazu, da haben Leute ja auch schon was gebaut, da kann man sich Tipps nehmen. Und dann muss man sich auch erstmal auf das Programmieren vorbereiten, 'ne Programmiersprache oder so erlernen."

Sie benennen auch, dass es für sie hilfreich ist, bei größeren Gruppen (4 SuS) eine Arbeitsteilung vorzunehmen.

Interview 7 (erfahrenes Team, bestehend aus vier Schülern der 9. Klasse):

S1: Es ist immer besser, vor allem bei vier Leuten, dass nicht alle immer an derselben Sache arbeiten, weil dann machen zwei oder drei gar nichts. Und nur einer oder so was und deswegen machen wir das häufig so, dass wir uns aufteilen.
S2: Das war bei jedem Projekt bis jetzt eigentlich so. Damals als wir in der 5. Klasse waren, damals mit der Lichtschranke haben wir uns noch nicht aufgeteilt. Da waren wir zu dritt. Aber bei den anderen Sachen, zum Beispiel bei dem Roboter (?), wir haben das auch gemerkt, wenn einer von uns gelötet hat, und die anderen nachher gar nichts gemacht haben, haben wir schon gemerkt wie unproduktiv das damals war.
S1: Ja, später haben wir uns immer aufgeteilt. Bei dem Legoroboter haben zwei programmiert und zwei Leute gebaut. Bei dem Licht (moderne Variante) gab's auch zwei zweier Gruppen. Auch das mit dem Jupiter, da gab's eine [Gruppe], die die Formel ausgerechnet hat und die anderen haben durchs Teleskop geguckt. Wir haben uns immer abgewechselt. Eigentlich haben wir beide das gleiche Projekt gemacht.

Bei einem Schüler, der neu am SFN war (Team B, siehe Kapitel 8), konnte beobachtet werden, dass es für ihn ungewohnt war, dass an manchen Nachmittagen (scheinbar) keine neuen Ergebnisse erzielt wurden, da er sich zu stark an der gesamten Lösung des Projekts und nicht an Teilschritten orientierte. Für Teams von (jüngeren) SuS ist es auch ungewohnt, dass sie keine Vorgaben bekommen, sondern sich den Weg durch ihr Projekt selbst suchen sollen (siehe dazu Interview 1, S.vii ff, Interview 2, S.xii ff, Interview 4, S.xxi ff, Interview 6, S.xxxi ff, Interview 12, S.xxxv ff).

Interview 1 (studentischer Berater):

„Wobei das, wenn jemand ohne KidsClub-Erfahrung hierherkommt, hab ich auch so die Erfahrung gemacht, dass die auch eher darauf warten, gesagt zu bekommen, was sie hier als nächstes machen sollen. Und am Anfang kann man das ja noch machen, so hier jetzt setzt euch mal hin und recherchiert mal, da und da gibt es noch 'ne Seite, aber so nach 4,6,8 Wochen sollte man sich dann schon so langsam zurückziehen und dann auch mal fordern, dass sie halt von selber was machen."

Interview 2 (Lehrer):

„Die Teams haben im Prinzip dasselbe Problem wie ich auch hauptsächlich, denke ich, nämlich, dass man es einfach nicht gewohnt ist, dieses freie Forschen. Dass man in ganz anderen Kategorien drinsteckt und eigentlich immer vorgesetzt kriegt, das und das mach und dann kommt was raus und das ist entweder richtig oder nicht. Und dieses Selbstentwickeln, dieses Verantwortung übernehmen auch für das Projekt, für die Arbeit, das sind Schüler überhaupt nicht gewohnt und mir geht's im Prinzip genauso."

Interview 4 (Lehrer):

„Viele Teams haben in der Regel schon gewisse Schwierigkeiten überhaupt erstmal was selber machen zu dürfen. Sie sind es einfach nicht gewohnt, selbst Entscheidungen zu treffen. Das merk ich immer wieder, wenn sie fragen, ja konkret, ‚Wie soll ich denn jetzt anfangen?', ‚Was soll ich denn jetzt machen?' und ich dann meisten sage: ‚Das weiß ich nicht, das ist doch euer Projekt' und 'ne gewisse Hilflosigkeit erst mal und ist auch verständlich, weil die so was ja selten vielleicht gerade im Bereich Schule sehr selten [erleben], dass sie was ganz frei tun dürfen und nur Unterstützung von uns dafür kriegen."

Interview 6 (Ehemaliger des SFNs, nun Berater):

„Minimale Schwierigkeiten sind manchmal, dass die Schüler häufig ganz extrem erstaunt darüber sind, dass sie hier so frei arbeiten können. Meistens stellen sie sich vor, das ist wie Schule und da gibt es ein Programm, das muss ich abarbeiten [. . . (unverständlich)] Und wenn die meisten sich dann zum ersten Mal damit konfrontiert sehen, dass sie unbeaufsichtigt arbeiten, also in dem Sinne, man, also nicht unbeaufsichtigt, sondern eher ungeleitet, dass wir nicht vor ihnen stehen und sagen, du machst die Aufgabe 1, wenn du mit 1 fertig bist, machst du Aufgabe 2 , dann machst du 3. Die sind dann häufig, also man merkt dann, die wirken ein bisschen verloren, weil die zum ersten Mal selbstständig arbeiten müssen und normalerweise sind sie ja eher Lehrkonsumenten, konsumieren also das Programm, und jetzt müssen sie selber etwas schaffen. Die meisten, bei den meisten ist das kein Problem, aber bei vielen merke ich halt, das ist so eine Aha-Erkenntnis ‚Ich kann jetzt eigentlich machen, was ich will!'. Ich kann ein Projekt machen, das ich gestalten kann, wie ich will und die meisten kennen so was gar nicht."

Interview 12 (KP Haupt):

„Sehr vielen SuS fällt es schwer, auf eigenen Wegen etwas zu erkunden, nicht nach Anweisung zu handeln, sondern sie erwarten konkrete Aufgaben und sind am Anfang durchaus hilflos, wenn sie diese Aufgabe nicht bekommen. Bei den ganz jungen, die freies Forschen machen, geht es recht gut. Dann verlernen sie es wieder. Im ScienceClub fällt es dann wieder extrem schwer, weil die Ablenkungen größer geworden sind und sie von sich aus nicht mehr systematisch an die Arbeit rangehen können. Das ist der Grund, weshalb wir auch versuchen müssen mehr Strategien zu vermitteln, mehr Methoden zu vermitteln, wie man Probleme findet, wie man Fragen stellt, wie man Informationen heranträgt. Es gibt auch durchaus Teams, die nach jedem kleinen Schritt kommen und warten, ob die nächste Idee, ob die nächste Anweisung kommt. "

Betreuer berichten in Interviews, dass es immer wieder vorkommt, dass Teams keine Struktur für die Durchführung ihres Projekts entwickeln (siehe Interview 6, S.xxxi ff) und daher nicht ins Arbeiten kommen.

Interview 6 (Ehemaliger des SFNs, nun Berater):

„Ihr braucht einen Plan, was wollt ihr machen, wann wollt ihr das machen, wer tut das, bis wann wird das verabredet? Also ich geb denen dann auch meistens keine Möglichkeit zu entscheiden, wollen wir nicht, oder was anderes machen. Weil offensichtlich wir geben denen ja meistens schon relativ lange Zeit. Also so 6 bis 8

Wochen oder und dann haben wir meistens den Entschluss gefasst, die können das dann nicht alleine entscheiden."

Desweiteren ist ein Problem, dass das Projekt oft nur sehr unzureichend dokumentiert wird (siehe Interview 3, S.xv ff, Interview 13, S.xli ff und Diskussion auf der Fortbildung vom 31.1.15 am SFN) und die SuS es ablehnen, ein Laborbuch zu führen. Dies kann mit ein Grund dafür sein, dass Teams nicht richtig ins Arbeiten kommen und sich selbst blockieren:

Interview 3 (studentischer Berater):

„Ganz wenige schreiben auf, wie viele Stunden sie investiert haben oder so saubere Laborbücher, wo auch bloß die Beschäftigung mit etwas drinsteht oder so was, das sieht man eher selten. Es ist tatsächlich dieses ganz Old-School ‚Wie viele Punkte auf meiner ToDo-Liste habe ich jetzt schon durchgestrichen?‘ "

Interview 13 (Jörg Steiper):

„Also sie arbeiten, aber sie kriegen die Arbeitsprozesse innerhalb des Teams nicht auf die Reihe. Es ist dann häufig so, dass dann Absprachen nicht funktionieren, dass dann, wenn die an verschiedenen Tagen kommen, Sachen doppelt gemacht werden, und das von uns oft angemahnte Laborbuch eben nicht geführt wird, wo man dann eben solche Prozesse festhalten könnte. "

Folgerung

Die SuS benötigen für ein erfolgreiches Arbeiten am Projekt eine Zerlegung des Projekts in Unterschritte. Desweiteren kann das (im Vergleich zur Schule) ungewohnte Arbeiten für die SuS eine Herausforderung an deren Frustrationstoleranz darstellen und sie in eine Lage bringen, in der sie sich zunächst hilflos fühlen. Eine ausführliche Dokumentation des Projekts stellt für die wenigsten SuS einen Wert an sich dar.

Konsequenzen für das Coaching bei der Projektdurchführung

Der Berater sollte eine Strukturierung des Projekts zum Beispiel durch das Anfertigen eines Zeitplanes oder die Besprechung von Teilzielen anregen. Wenn das Team von sich aus nicht weiterkommt, kann der Berater auch durch kleinere Anregungen das Team an seinem Projekt weiterbringen, sollte hier aber im Verlauf des Projekts die Verantwortung immer mehr dem Team überlassen. Desweiteren kann der ressourcenorientierte Ansatz des Coachings dazu genutzt werden, Teams zu verdeutlichen, welche Teilerfolge schon erzielt wurden, und somit die SuS in ihrem Vorgehen bestärken. Wie auf der Fortbildung vom 31.1.2015 diskutiert, sollte auf eine Dokumentation des Projekts verstärkt hingewiesen werden und diese eingefordert werden (siehe auch Ausblick, Kapitel 11).

7.3 Beobachtung zur Ausbildung von Kompetenzen

Die Kompetenzen **überfachliche Methodenkompetenz** und **fachliche Methodenkompetenz** sowie die zugehörigen Bausteine wurden im Rahmen dieser Arbeit nicht gezielt untersucht. Für diese Punkte gilt am SFN, dass bei Bedarf den SuS gezielt geholfen wird, die Kompetenzen zu erwerben bzw. die Schwierigkeit so anzupassen, dass es für die SuS lösbar wird (siehe dazu auch Interview 13, S.xli ff).

Interview 13 (Jörg Steiper):

> „Eben zu schauen, wo tritt das Team auf der Stelle, wo kann ich denn da durch einen kurzen Input eine Hilfe geben, dass sie wieder ins Arbeiten kommen. Das kann durchaus mal eine fachliche Frage sein, dass sie an einer Stelle sitzen, mit einer Gleichung nicht weiterkommen oder nicht wissen, wie sie konkret ein Experiment auswerten oder konkret ein Experiment aufbauen, aber dann sollte man sich, wenn man dieses eine Problem gelöst hat, dann wieder zurückziehen und die dann machen lassen. “

> „Die organisatorischen Hürden abbauen, aber die fachlichen Hürden so weit stehen lassen, dass die Schüler sie überwinden können. Sie

auch nicht komplett wegnehmen, weil dann wird es ja auch langweilig, sondern im Gespräch mit denen die Hürde so weit runterziehen, dass die Schüler drüberspringen können und jetzt zieh ich mich wieder zurück. Natürlich immer schwierig zu erkennen, wann muss ich mit den Schülern ein Stück mitgehen, wann muss ich mich in das Projekt einarbeiten und den Schülern da Unterstützung liefern und wann muss ich mich da wieder zurückziehen. Weil manchmal kommt man da auch selber in den Flow und findet das auch interessant das Projekt und zieht es dann als Betreuer zu sehr an sich. [...] Auf der anderen Seite muss man natürlich auch erkennen, die sitzen jetzt schon länger an einem Problem, signalisieren das aber nicht, kommen aber auch nicht weiter. Dann ist es an uns rauszufinden, wo das Problem liegt und die minimalinvasiv wieder auf Kurs zu bringen. "

Kommunikationskompetenz

Hierunter verstehen Bonati und Hadorn die schriftliche Darstellung, die thematische Einordnung und das Kommentieren der eigenen Ergebnisse sowie deren Präsentation[4] und deren Verteidigung in einer Diskussion. Bei den Bausteinen von Haupt ist dies der Punkt „sprachliche Kompetenzen entwickeln".

Eine ausführliche schriftliche Darstellung findet am SFN meist nur für Wettbewerbsarbeiten für „Jugend forscht" statt und Präsentationen auf den zugehörigen Wettbewerben oder beim Schülerkongress. Da keines meiner Teams sich für eine Teilnahme bei „Jugend forscht" entschieden hatte und der Schülerkongress im Sommerhalbjahr stattfindet, wurde dieser Punkt von mir nicht untersucht, bietet aber sicherlich eine Fülle an interessanten Aspekten, die in Folgearbeiten untersucht werden könnten.

4 Um diese Kompetenz weiter zu fördern, werden die SuS seit kurzem angeregt sich bei „Jugend Präsentiert" zu beteiligen, was auch eine Präsentation erlaubt, wenn das Projekt noch im Entstehen ist.

Sozialkompetenz

Bonati und Hadorn fassen unter dem Begriff Sozialkompetenz, dass mit der Betreuungsperson zusammengearbeitet wird, was insbesondere auch das selbstständige Holen von Hilfe umfasst[5]. Handelt es sich um ein Team, so gehört zusätzlich das im Team gemeinsame Planen, Organisieren und Darstellen sowie das sich Vertragen hinzu[6]. Haupt fasst dies bei seinen Bausteinen unter dem Punkt „Miteinander kooperieren".

Beobachtungen zur Ausbildung von Kompetenzen

Es kommt innerhalb von Teams immer wieder vor, dass sich das Team selbst im Wege steht und in seiner Arbeit blockiert. Hierfür kann die Ursache in Organisationsproblemen liegen (siehe dazu Interview 3, S.xv ff, Interview 13, S.xli ff)

Interview 3 (studentischer Berater):

> „Einen Fall hatte ich, wo drei Jugendfreunde zusammengearbeitet haben, die sich kennen, seit sie 8 sind, und die immer noch beste Freunde sind und irgendwann so zwei Tage vor Abgabe der Jugend forscht Arbeit, habe ich sie dann doch mal gedrängt miteinander zu telefonieren und dann stellte sich heraus, sie haben überhaupt nicht die Telefonnummern voneinander. Weil sie halt nicht telefonieren, sondern sie schicken halt irgendwelche Texte und der eine war halt per Text nicht zu erreichen und dann waren vier Stunden aufeinmal 'ne relativ lange Zeit. Sie waren vorher noch nie in der Situation und dann muss man da auf einmal quasi so Verwaltungsassistenz machen und irgendwie dafür sorgen, dass die ihr Adressbuch führen. Das sind völlig neue Unwägbarkeiten, die man da jedes Mal hat."

Interview 13 (Jörg Steiper):

> „Oder dass das Team häufig keinen Termin findet, wo es sich treffen kann. Also an der Selbstorganisation. Wo wir dann gefragt sind, da ein bißchen vorstrukturierend zu wirken, wobei letztendlich das

5 Siehe hierzu Interview Haupt (Interview 12, S.xxxv ff): Erfahrungsgemäß funktioniert dies nicht immer.

6 Dies wird auch von den SuS in Interview 7 hervorgehoben.

> Team sich dann absprechen muss und wir nicht vorgeben sollten, ihr kommt dann und dann zu den Uhrzeiten. [...] Das ist dann schon ein Punkt, wo es daran scheitert, dass die Teams sich untereinander nicht genügend absprechen."

Andererseits kann auch der Umgang der Teammitglieder miteinander dazu führen, dass die Arbeit am Projekt stagniert.

Interview 6 (Ehemaliger des SFNs, nun Berater):

> „Also das größte Problem, das ich sehe bei Teams, ist, wenn das Teamverhältnis, also das Verhältnis zwischen den Teammitgliedern ein Problem darstellt. Also entweder, viele kennen sich ja schon aus der Schule, wenn es da Leute gibt, die sich beispielsweise von der Vorgeschichte her nicht mögen oder wenn die Kinder vom Charakter her zu unterschiedlich sind. Also ein ganz Stiller und ein Lebendiger zusammen in 'nem Team sind, das macht normalerweise ziemlich große Probleme."

Hierbei kann es sich um Streitereien handeln, die bis in den privaten Bereich der Teammitglieder hineingehen oder um Probleme beim „sich gegenseitig Ausreden lassen" oder der Akzeptanz von anderen Meinungen im Team handeln (wie von mir bei Team A beobachtet, siehe dazu auch Kapitel 8).

Interview 5 (Berater):

> „Der eine hat dem anderen die Freundin ausgespannt, der hat immer zu ihm irgendein Schimpfwort benutzt . . . die haben sich da richtig in die Wolle gekriegt und diese Gruppe, die war zweimal kurz vor der Landesausscheidung [Landeswettbewerb Jugend forscht] drangewesen auseinanderzubrechen. Wegen solchem pillepalle. Ich sag mal „Potenzkämpfe" untereinander. Und wir haben hier mit denen Stunden gesessen und die wieder grade gerückt, dass die im Projekt weitermachen. Die wollten alles hinschmeißen. Und die Jufo-Erfolgsserie war kaum zu Ende gewesen, da hat's bumm gemacht und dann ist jeder seiner eigenen Wege gegangen."

Interview 12 (KP Haupt):

> „[Teamarbeit] Ist immer mit Konflikten verbunden und ich kenne kein Team, das vollkommen konfliktfrei über die gesamte Zeit ge-

arbeitet hat. Ganz häufig, wenn wir merken, dass diese Konflikte tiefgreifend oder sagen wir mal die Arbeit negativ beeinflussen, dann führen wir Gespräche. Oder aber auch, wenn Teammitglieder kommen und sagen ‚Mit dem will ich nicht, mit dem kann ich nicht!' oder ‚Den will ich raus haben!' Dann versuchen wir zu vermitteln. Jeden im Team zu Wort kommen zu lassen und versuchen diesen Konflikt so darzustellen, dass sie ihn selbst abbauen können. Aber Teamfähigkeit ist etwas, was nahezu bei allen ein ganz großer Mangel ist. Bei den Kleinen, die sich wegen der Winzigkeit streiten und klopfen und ablenken und bei den Großen, die teilweise wirklich sich gegenseitig angreifen und gegenseitig beschuldigen bestimmte Dinge zu tun, nicht zu tun, bis in den privaten Bereich hinein."

In Interviews äußerten die SuS auch sehr klare Vorstellungen davon, was für sie bei der Arbeit im Team wichtig ist. Sie betonen, wie wichtig die Freundschaft der Teammitglieder untereinander ist und dass sie Wert auf eine gerechte Arbeitsteilung sowie auf Verlässlichkeit und das Einhalten von Absprachen legen.

Interview 10 (erfahrenes Team, bestehend aus einer Schülerin und einem Schüler der 9. Klasse):

> **S1**: Ja, also einfach, dass der Teampartner auch bei der Sache ist und sich nicht die ganze Zeit mit anderen prügelt oder sich halt immer umdreht ...
> **S2**: Habe ich nie gemacht!
> **S1**: ... und mit Freunden redet. Und dass der Teampartner dann halt auch pünktlich da ist, wenn man sich besprochen hat und dann ...
> **S2**: Ja, und dass man sich auf den anderen verlassen kann. Dass man auch weiß, dass der andere auch hinter dem Projekt steht und auch was dafür tut. Weil alleine machen und dem anderen nur befehlen, was er machen soll, das funktioniert nicht und beide Ideen haben und ich meine, es würde jetzt nicht funktionieren, wenn einer jetzt sehr sehr interessiert daran ist und auch selber das gut hinbekommt und dann mit jemand anderen zusammenarbeitet, der Schwierigkeiten mit so einem Projekt hat, das nicht sofort versteht. Das ist dann schwieriger miteinander zu arbeiten. Man muss dann schon auf einem Level, das ist jetzt falsch gesagt, ähnlich vom, ja, dass beide sich halt gut verstehen.

Interview 7 (erfahrenes Team, bestehend aus vier Schülern der 9. Klasse):

S3: Und sonst im Team sollte man sich gut verstehen. Zusammen auch Spaß haben und . . . Man sollte sich gut verstehen, um gut zusammenzuarbeiten und ja Spaß haben.

Gente Was gehört denn für eine gute Zusammenarbeit sonst auch noch dazu? Wenn ihr jetzt an den Umgang untereinander denkt . . .

S1: Also, man muss sich schon mögen, wenn man ein Projekt zusammen machen möchte, sonst klappt das nicht.

Gente: Wenn ihr Team-Regeln formulieren solltet:Mir ist wichtig im Team, dass . . . Wie könntet ihr das fortsetzen?

S1: Also dass alle gerecht, also gleich viel, Spaß haben, Zum Beispiel, es war auch zum Beispiel letzte Woche so, da haben wir gelötet

S2: und dass wir gleich aufteilen.

S1: Das Löten macht uns nämlich Spaß und deswegen haben wir uns immer aufgeteilt.

S3: Dass nicht einer immer die Drecksarbeit machen muss, irgendwas holen immer.

Gente: Und wann würdet ihr sagen, funktioniert ein Team richtig gut?

S1: Wenn die Arbeit gut aufgeteilt ist.

Interview 9 (Team bestehend aus vier Schülern der 8. Klasse):

S1: Sie sollten gute Freunde sein . . .

Zustimmung der anderen

S1: . . . weil, wenn . . .

S2: Wenn man sich kaum kennen würde, dann wäre das noch schlimmer. Wir kennen uns ja jetzt und wenn man im Team arbeitet, streitet man sich auch mal so . . . Wenn man sich überhaupt nicht kennt, dann wäre das ein bisschen blöd.

S4: Dann könnte das Probleme geben.

Ein weiterer wichtiger Punkt ist für die SuS, dass alle Teammitglieder hinter dem Projekt stehen.

Interview 7 (erfahrenes Team, bestehend aus vier Schülern der 9. Klasse):

S2: Für neue würde ich sagen, dass sie vielleicht 'ne Projektidee mitbringen, am besten, wo sie denken, dass sie Spaß daran haben.

Interview 9 (Team bestehend aus vier Schülern der 8. Klasse):

Gente: Und bezüglich der Auswahl von Themen, habt ihr da einen Ratschlag?

S2: Da sollten sich alle einig sein.

Interview 10 (erfahrenes Team, bestehend aus einer Schülerin und einem Schüler der 9. Klasse):

S1: Also erstmal sollten sie auch wirklich Interesse daran [am Thema] haben, vielleicht schon ein bisschen Vorwissen und ja, ich glaube am besten wäre ein Projekt, was sie sich selber ausgedacht haben, weil bei uns die [...] ist sehr erfolgreich geworden, also jetzt nicht weltweit, aber für uns war's halt schon groß, und es sollte sie halt selber interessieren.

S2: Ja, man muss halt Interesse an dem Projekt haben.

Beobachtung aus dem Coaching zweier Teams

Bei Team A und Team B (siehe dazu auch Kapitel 8) wurde von mir die folgende Beobachtung gemacht:
Den Teammitgliedern selbst ist durchaus bewusst, welche Voraussetzungen im zwischenmenschlichen Bereich für eine gelingende Teamarbeit nötig sind. Diese konnten beide Teams bei der Arbeit mit dem „Bogen zur Teamfindung" gut benennen und Team A in Teamregeln umsetzen (siehe dazu auch Kapitel 9).

Folgerung

Im Grunde sind die SuS sich durchaus bewusst, wie eine Teamarbeit gelingen kann, d.h. sie wissen, was sie sich wünschen, damit sie und andere im Team sich wohlfühlen können und sind in der Lage zu benennen, wie sie selbst dazu beitragen können und was sie sich von anderen wünschen. Dies kann auf Grund von gruppendynamischen Prozessen[7] („Wer ist der Chef?!") jedoch in den Hintergrund geraten.

---

7 „In jeder Gruppe, die im persönlichen Kontakt über längere Zeit zusammenarbeitet, entsteht eine in bestimmten Phasen ablaufende Gruppendynamik, durch die die Machtverhältnisse und

Konsequenzen für das Coaching

Bei den Beratungsgesprächen sollte auch schon prophylaktisch Raum für das Thema Teamfindung eingebaut werden und die SuS sich zu ihren Bedürfnissen im Team äußern können. Damit können die den SuS eigentlich bekannten Punkte zur Teamarbeit wieder bewusst gemacht werden.

persönlichen Beziehungen in der Gruppe zunächst „verflüssigt" und dann auf neuem Niveau stabilisiert werden." [Mey11, S.239]

8 Begleitung zweier Teams beim Einstieg in das Forschende Lernen

8.1 Ausgangslage der Teams

Von Beginn des Schuljahres 2014/2015 an wurden von mir zwei Teams im SFN betreut, im folgenden mit Team A und Team B bezeichnet.

Beschreibung von Team A

Team A besteht aus vier (männlichen) Schülern, die die 8. Klasse eines Kasseler Gymnasiums besuchen und miteinander befreundet sind. Die Schüler haben im Laufe der 7. Klasse zum ersten Mal das SFN besucht und zunächst mit Elektronik-Kästen gearbeitet. Zu Beginn des Schuljahres wagen sie sich nun an ihr erstes eigenes Projekt. Als Motivation zum Besuch des SFNs geben sie an, dass sie das SFN besuchen „weil es [ihnen eine] Lehrerin empfohlen hat“ und „weil [sie] das SFN spannend finden.“ Die vier Schüler zeigen in ihrem Auftreten am SFN deutliche Unterschiede. Einer der Schüler (S1) zeigt ein dominantes Verhalten, vor allem gegenüber dem Schüler S2. S1 besitzt auf dem Gebiet des Programmierens, für das das Team sich schlussendlich entscheidet (siehe dazu auch Kapitel 8.2), bereits Grundkenntnisse. Dies nutzt er um Überlegenheit, meist gegenüber S2, zu demonstrieren. Der Schüler S2 ist in Gesprächen meist unruhig und eine produktive Zusammenarbeit mit S1 gelingt oft nicht (Bei einem der ersten Programmierversuche wird von den beiden ein Großteil der Zeit darauf verwendet, sich um die Maus zu streiten und welcher der auf der Hilfeseite angebotenen Links der brauchbarste sei). Im Interview zeigte sich, dass auch von den SuS erkannt wurde, dass es besser ist, wenn S1 und S2 getrennt arbeiten. Die Schüler S3 und S4 sind ruhig und zurückhaltend, werden von ihren Teamkollegen S1 und S2 aber durchaus akzeptiert und auf ihre Meinung wird Wert gelegt (siehe die Aufforderung in Interview „Jetzt sagt auch was!"). S3 und S4 können sowohl zu zweit gut arbeiten als auch in der sich am Ende etablierten Aufteilung der Gruppe in zwei Zweiergruppen, die aus S1 und S3 sowie S2 und S4 bestehen.

Mögliche Problematik bei Team A

Eine Gruppe, die aus vier Mitgliedern besteht, wird in [BH09] als zu groß in dem Sinne beschrieben, dass sie zu viele Möglichkeiten für „Trittbrettfahrer" bietet[1]. Desweiteren können die in [Mey11] beschriebenen Teamproblematiken auftreten. Diese sind vor allem auf Grund der auftretenden Machtkämpfe zwischen S1 und S2 zu erwarten. Es hat sich auch gezeigt, dass öfters Schüler, die von ihrer Lehrerin oder ihrem Lehrer ans SFN „geschickt" wurden, die Arbeit dort abbrechen, weil sie keine eigene Motivation für das Arbeiten am SFN entwickeln. Da das Team jedoch als weiteren Punkt das SFN als spannend bezeichnet, ist zu erwarten, dass hier von der Lehrerin ein für die Schüler sinnvoller Anstoß gegeben wurde und die Schüler das Arbeiten am SFN schon zu ihrer Sache gemacht haben.

Desweiteren treten auch bei der Themenwahl und beim anschließenden Strukturieren der eigenen Vorgehensweise nach [BH09] bei Oberstufenschülerinnen und -schülern noch Probleme auf, so dass es nicht ungewöhnlich wäre, wenn sich hierbei auch Schwierigkeiten zeigen (siehe hierzu auch Kapitel 7).

Beschreibung von Team B

Team B besteht aus einem Schüler (S1) der Q-Phase, der ein Kasseler Gymnasium besucht, und einem Schüler (S2) der 10. Klasse, der eine Gesamtschule besucht, die 90km von Kassel entfernt ist. Die beiden Schüler kannten sich vor Beginn des Projekts nicht und wurden auf Grund ihrer Interessen zu einem Team zu Beginn des Schuljahres zusammengeführt.

1 Dies wurde auch von einem interviewten vierköpfigen Team erkannt, das sich daraufhin um sinnvolle Arbeitsteilung bemühte.

Der Schüler S1 ist schon seit der 5. Klasse am SFN und hat dementsprechend Erfahrung bei der Durchführung eigener Projekte. Allerdings hat der Schüler S2 noch nie zuvor in der am SFN üblichen Arbeitsweise gearbeitet.

Interview 8:

„Ich habe vorher noch nie so was gemacht, weil bei mir in der Umgebung gibt es halt nix. Es ist halt nur 'ne kleine Stadt und da ist halt nix in der Nähe."

Die beiden Schüler sind ruhig und in der Lage konzentriert zu arbeiten und bringen schon einiges an Methodenwissen zu Dokumentation und Recherche sowie den Mut zur Bildung eigener Hypothesen mit. Als Motivation zum Besuch des SFNs wird von S1 genannt, dass er „sich für Physik interessiert" und von S2, dass er „in der Schule nicht ausgelastet ist". Beide Schüler empfinden es als reizvoll, an einem Projekt zu arbeiten, das einen hohen Theorieanteil hat.

Interview 8:

Gente: Das Ganze ist ja jetzt eine sehr theorielastige Angelegenheit. Ist das ok für euch?
S1: Ja, das war für mich auch ein Anreiz dieses Projekt zu nehmen.
S2: Ja, Theorie finde ich jetzt auch nicht schlimm. Wenn wir jetzt erst Theorie machen und nachher haben wir ja immer noch ein paar Experimente.

Absprachen werden von den Schülern gut eingehalten und auch selbstständige Rückmeldungen per mail, ob sie ans SFN kommen oder nicht, funktionieren.

Mögliche Problematik bei Team B

Da die Schüler sich zuvor nicht kannten, können durch die Teamzusammensetzung Probleme auftreten (siehe dazu auch Kapitel 7). Desweiteren liegt im Team ein Ungleichgewicht in der Vorerfahrung im Forschenden Lernen vor. Dies kann entweder dazu führen, dass S2 von S1 gut angeleitet wird, oder dass eine das Team belastende „Schieflage" entsteht. Für S2 ist der Besuch des SFNs auf Grund der Entfernung zeitlich aufwändig, da er für eine Strecke gut eine Stunde unterwegs ist. Dementsprechend ist abzuwarten, ob dies sich während der Durchführung des Projekts als hinderlich herausstellt, oder die Motivation genügend groß ist, diese Zeit zu investieren.

8.2 Beschreibung des Coachings der Teams

Coaching von Team A

Team A gehört zu den Teams, bei denen sich der Prozess, bis ein Thema und eine Fragestellung gefunden ist, hinter der jedes der Teammitglieder steht, über mehrere Wochen hinzog (siehe dazu auch Kapitel 5.3).

Beim Beratungsgespräch und beim Ausfüllen des Orientierungsbogens kommen drei Themen für das Team in Frage: die mathematische Analyse von Tic-Tac-Toe, die Untersuchung des Dopplereffekts und eines weiteren Projekts, das hohe Vorkenntnisse in Mathematik erforderte und daher zügig verworfen wurde. Das Team beginnt zunächst, sich mit Tic-Tac-Toe zu beschäftigen. Zu diesem Zeitpunkt war ich dem Team noch nicht als Betreuerin zugewiesen, habe aber Möglichkeiten, was man untersuchen könnte und erste Ergebnisse mit dem Team diskutiert, sowie den Kontakt zu einem älteren Schüler hergestellt, der sich bereits mit einem dreidimensionalem Tic-Tac-Toe-Spiel beschäftigt hatte. Während dieses Gesprächs kam dann auch die Idee auf, dass es praktisch ist, wenn man programmieren kann, um zum Beispiel Spielsituationen bei Tic-Tac-Toe systematisch untersuchen zu können.

Das Team entschied sich dann, zunächst Programmieren lernen zu wollen. Es zeigte sich allerdings später (siehe unten), dass nicht alle vier Mitglieder des Teams hinter dem Thema Tic-Tac-Toe standen. Dementsprechend war es nicht für alle ein lohnendes Ziel für die Analyse von Tic-Tac-Toe Programmieren zu erlernen.

An dieser Stelle zeigte sich, wie auch von den SuS in verschiedenen Interviews betont, dass das gesamte Team hinter der Projektidee stehen muss (siehe dazu auch Themenfindung in Kapitel 7).

Die SuS begannen, das Programmieren mit dem Java-Hamster, der für diese Zwecke am SFN eingesetzt wird, zu erlernen. Hierfür teilte sich das Team zunächst in die Gruppen S1 und S2 sowie S3 und

S4 auf. Hierbei zeigten sich Probleme in der Zusammenarbeit von S1 und S2, da sie viel Zeit auf Streitereien, wer denn Recht habe, verwendeten und sich gegenseitig nicht zuhörten. Unter anderem war zu beobachten, dass vor allem S1 und S2 keine Erfolge erzielten, da sie die Hinweise im Tutorial konsequent missachtet haben. Hierauf habe ich reagiert, indem ich auf den Sinn des Tutorials hingewiesen habe, ihren weiteren Umgang damit beobachtet und zum Ende des Nachmittags Unterstützung durch einen mit dem Java-Hamster erfahrenen Betreuer vermittelt habe, damit der Nachmittag noch mit einem Teilerfolg enden konnte.

In der folgenden Woche gingen die SuS systematischer an das Programmieren heran, allerdings immer noch in der Gruppenzusammensetzung S1 und S2 sowie S3 und S4, die sich wieder als problematisch erwies. Die SuS erzielten hierbei aber erste eigenständige Erfolge: „Wir haben ein Feld programmiert, da braucht der Hamster eine Woche, bis er das abgelaufen hat!" Die SuS greifen die von mir vorgeschlagene Anregung auf, ihre Abschätzung mathematisch mit einer Rechnung zu überprüfen und diese auch schriftlich festzuhalten *(gezielter Impuls)*, der von den SuS angenommen wurde.

Zwischen diesem Termin und dem nächsten, an dem ich das Team getroffen habe, lagen die Herbstferien. Das Team war an diesem Tag zunächst nicht arbeitsbereit: Zwei der SuS machten Hausaufgaben, zwei andere „hingen herum". In einem Gespräch mit den SuS stellte sich heraus, dass sie im Team uneinig über ihr Vorgehen beim Lernen des Programmierens waren (Während der Herbstferien waren sie aufgefordert worden, mit einer Website zu üben und einer der SuS (S2) äußerte, dass die dortigen Anleitungen zu starr seien und zu wenig eigene Ideen zuließen „Wir wurden genötigt, diese Website zu verwenden!" S1 jedoch den Standpunkt vertrat, dass man nun bei einer Sache bleiben solle.) und dass zumindest einem der SuS ein lohnendes Ziel fehlte. Es kristallisierte sich heraus, dass das Team nicht gemeinsam hinter der Analyse von Tic-Tac-Toe stand, und ein neues, für alle lohnendes Ziel gefunden werden musste *(Coaching-Gespräch um die Arbeitsfähigkeit des Teams wieder herzustellen)*.

Die SuS einigten sich darauf, dass sie ein Spiel selbst programmieren wollen und nicht ein vorhandenes analysieren möchten. Für diesen Entscheidungsprozess wurde das Team immer wieder zwischenzeitlich von mir alleine gelassen, damit es sich untereinander frei äußern konnte. In diesem Beratungsprozess zeigte sich, dass den SuS noch nicht bewusst war, wie hoch ihr Ziel „Wir programmieren ein Spiel!“ gesteckt war. Um mit den SuS ein Vorgehen für die nächste Zeit und die Zerlegung des Ziels in für die SuS handhabbare Schritte zu ermöglichen, wurde mit dem Team ein langes Beratungsgespräch gemeinsam mit einem erfahrenen Betreuer geführt, in dem den SuS vermittelt wurde, was alles zum Programmieren gehört *(Information und Hilfe zu Unterschritten)*. Während des Gesprächs zeigte sich wieder die Problematik, dass bei der Diskussion von Ideen die SuS untereinander Beschuldigungen lieferten wie „Das wolltest du, und ich habe gleich gesagt, dass das nicht funktioniert!“ und sich auch nicht immer an Gesprächsregeln hielten wie sich gegenseitig ausreden lassen und zuhören. Hierauf wurde von Beraterseite hingewiesen bzw., wenn einer der SuS darauf hinwies, dieser unterstützt. Am Ende des Gesprächs waren die SuS in der Lage den Fragebogen zum weiteren Vorgehen, der zu diesem Zeitpunkt im SFN allgemein ausgefüllt wird, zu bearbeiten. In diesem Gespräch wurde das Team auch aufgefordert, sich ein Heft für die Führung eines Laborbuches zu beschaffen, um darin Ergebnisse und das eigene Vorgehen festzuhalten. Die nächsten zwei Wochen erschien das Team nicht am SFN und regte auch von sich aus keinen E-mail-Kontakt an. Nach dem 3. Fehltermin in Folge habe ich mit dem Team per mail Kontakt aufgenommen und nachgefragt, ob sie in der kommenden Woche wieder ans SFN kommen möchten *(Anstoß zur Reaktivierung des Teams)*. Die SuS antworteten, sie würden kommen, und erschienen zu dritt. Der fehlende Schüler S1 begleitete zunächst zum Unmut seiner Teamkameraden ein paar Mädchen bei Shopping. An diesem Nachmittag wurde der Teamfindungsbogen von mir eingesetzt (siehe dazu auch Kapitel 9). Nachdem den SuS hierüber bewusst geworden war, worauf jedes der Teammitglieder Wert legt, gestaltete sich die Zusammenarbeit der SuS untereinander wesentlich konstruktiver und produktiver. Es ergab sich auch, nachdem S1 von seinem „Ausflug“ ans SFN zurückgekehrt war, eine bessere Aufteilung in Zweierteams (S1, S4 und S2, S3), bei der S1 und S2 also getrennt waren[2] *(Anstoß zur Lösung von Teamproblemen)*.

Zum Abschluss des Tages füllen die SuS in ihren Zweierteams die erste Fassung des Bogens für ein Projekttagebuch aus, und konnten hierbei auch Erfolge verzeichnen (am Projekt (A2): „.. das Programmieren des Hamsters, sodass er Körner aufsammelt und durchs

2 Dies bestätigen die SuS auch im Interview.

Labyrinth läuft " und organisatorisch (A1): „... dass wir uns einen Computer-Account geholt haben.") *(Anstoß zur Dokumentation und Reflektion des Arbeitsprozesses; Lenkung des Blicks auf Erfolge).* Für das Einrichten eines eigenen Computer-Accounts benötigten die SuS einen deutlichen Anstoß von mir *(Hilfe bei der Organisation).*
In der folgenden Woche kamen die SuS zügig ins Arbeiten und vermeldeten bei kurzen Beratungsgesprächen stolz Erfolge wie „160 Zeilen Code haben eben funktioniert!". Die SuS nutzten ihre Zeit am SFN sinnvoll für ihr Projekt und benötigten wenig Input von außen. Sie waren mittlerweile in der Lage mit dem Hamstertutorial eigenständig zu arbeiten. An diesem Tag wurde auch das Interview geführt, in dem die SuS auch selbst ansatzweise die Verbesserungen in der Teamarbeit und der Zusammensetzung der Zweiergruppen benannt haben.

Interview 9:

> **Gente**: Du hattest grade „nervig" angesprochen. Was sind Punkte, wo ihr sagt, das ist nervig?
> **S2**: Wenn wir uns mal uneinig sind.
> **S1**: Mal?
> **S2**: Mal ist kaum.
> **S1**: Mal ist oft.
> **S1**: Es hat sich nicht verschlechtert, aber leider auch nicht verbessert.
> **S3**: Naja, so'n bisschen [verbessert] schon.
> **S2**: Ich würde auch sagen, es hat sich'n bisschen verbessert.
> **S1**: Ja, aber weil wir jetzt in getrennten Gruppen arbeiten.

Auch am Tag vor den Weihnachtsferien erschien das Team (S2 fehlte). Das Team kam gut ins Arbeiten, hatte einen Plan, was es machen wollte und wurde in dieser Sitzung „alleine gelassen" *(zeitweiliges Zurückziehen der Beratungsperson).*
Nach den Weihnachstferien erschien das Team wieder vollzählig, kam von sich aus ins Arbeiten. Der Zweiergruppe S2 und S3 habe ich die Anregung gegeben, sich gezielt über weitere Programmierschleifen zu informieren, da sie sich nur auf eine Schleifen-Art konzentriert hatten *(Anstoß von Außen).* Dies wurde, wie aus dem Projekttagebuch-Eintrag zu entnehmen ist, von der Gruppe aufgegriffen. Die Zweiergruppe S1 und S4 ging wieder systematisch nach dem Hamstertutorial

vor, wobei sich hier kurzzeitig Probleme zwischen S1 und S4 zeigten, da aus der Sicht von S1 der Schüler S4 zu viel der Arbeit selbst erledigte und ihn zu wenig zum Zuge kommen ließ. Im Verlauf des Nachmittages zeigte sich jedoch, dass dieser Teamkonflikt von den SuS selbstständig bewältigt werden konnte.
Ein Laborbuch hatten die SuS bis zu diesem Zeitpunkt nicht geführt und wurden erneut darauf hingewiesen. Im Gespräch wurde überlegt, welcher Inhalt für ein Laborbuch geeignet sein könnte. Es bleibt abzuwarten, ob die Gruppe dies nun annimmt. Eventuell wäre eine frühere Erinnerung meinerseits an das Laborbuch sinnvoll gewesen. In diesem Fall war es mir allerdings auch wichtig, dass die SuS zunächst ins Arbeiten kommen, bevor neue Anforderungen hinzukommen.

Diskussion

Das Team hat es geschafft, sich in funktionierende Unterteams aufzuteilen, so dass die Problematik der zu großen Gruppe entschärft wurde. Die Themenwahl gestaltete sich über einen längeren Zeitraum, aber auch dies wurde von dem Team erfolgreich bewältigt, was sich in dem immer besser werdenden Arbeitsverhalten der SuS zeigte. Auch haben die SuS eine intrinsische Motivation mitgebracht (d.h. der Besuch wurde nicht dauerhaft durch den Hinweis der Lehrerin extrinsisch motiviert) oder entwickelt, da sie auch an Freitagen, an denen es Ferien oder Zeugnisse gab, das SFN besuchten.

Coaching von Team B

Die beiden Schüler aus Team B zeigten von Beginn an ein sehr systematisches Vorgehen. So dokumentierten sie fachliche Informationen und Quellen sowie eigene Ideen und Hypothesen selbstständig und benötigten hier nur kleinere Unterstützungen wie Hinweise darauf, dass bei Internetquellen das Datum des Zugriffs vermerkt werden sollte.

Die Schüler begannen mit einer umfangreichen Internetrecherche zu den Eislawinen auf Iapetus. Um das Team und ihre Arbeitsweise kennenzulernen, bin ich zu Beginn auch für Recherchephasen bei dem Team geblieben, habe mich dann aber immer mehr zurückgezogen und auf gezielte Hinweise beschränkt, wie zum Beispiel Infos über

Arbeitsgruppen an Universitäten, die auf ähnlichen Gebieten arbeiten, um damit weitere Ansatzpunkte für Recherchen oder Kontakte zu liefern. Desweiteren habe ich die Schüler ermutigt sich an Fachliteratur zu wagen und bei deren Beschaffung unterstützt (Bestellung bei Nature und Telefonat mit Nature), als die frei zugängliche Literatur ausgeschöpft wirkte (*Hindernisse für die SuS überwindbar gestalten*, siehe dazu auch Interview 13, S.xli ff).
Obwohl es sich um ein Team handelt, das aus zwei sich zuvor fremden SuS zusammengesetzt wurde, arbeiteten diese von Anfang an gut zusammen und bestätigten sich dies gegenseitig bei der Arbeit mit dem Teambogen (siehe dazu auch Kapitel 9). Die Schüler waren auch in der Lage die anfallende Arbeit unter sich aufzuteilen und sind zum Beispiel zu einer arbeitsteiligen Bearbeitung der Artikel übergegangen.

Es kam mehrfach vor, dass das Team von selbst beim nächsten Treffen in die Richtung gearbeitet hat, in die ich vorgesehen hatte, Impulse zu geben. So weiteten die Schüler ihre Internetrecherche von sich aus auf Englisch aus und begannen parallel zur theoretischen Arbeit auch über experimentelle Möglichkeiten nachzudenken. Der Vorschlag auch schon früh mit einem Experiment zu beginnen, wurde von den SuS zunächst nicht angenommen, bis er von einem anderen Berater nach den Weihnachtsferien erneut an das Team herangetragen wurde. Hier kann diskutiert werden, ob ich von meiner Seite her das Herangehen an Experimente mehr hätte forcieren müssen. Ich hatte allerdings den Eindruck, dass die SuS eine für sie sinnvolle Vorgehensweise gefunden hatten, und wollte diese nicht von außen umstrukturieren *(Anstoß und dem Team die Entscheidung überlassen!)*.

Beim Arbeiten wurden wenige Unterschiede zwischen S1, der schon Erfahrung im Forschenden Lernen hatte, und S2, der neu ans SFN gekommen war, sichtbar. Es wirkte allerdings so, dass S1 mit Phasen, in denen (scheinbar) keine neuen Ergebnisse erzielt werden oder zuvor gemachte Überlegungen eventuell revidiert und als falsch eingestuft werden müssen, mehr Frustrationstoleranz als S2 besaß. In solchen Situationen habe ich versucht die Schüler im Gespräch auf schon erreichte Erfolge hinzuführen und gemeinsam mit ihnen nach weiteren Perspektiven zu suchen *(ressourcenorientiertes Vorgehen beim Coaching)*. Um den Umgang mit solchen Situationen zu erleichtern, wurde von mir der Bogen für ein Projekttagebuch (siehe Kapitel 9) eingesetzt, damit die SuS auch für die Wahrnehmung kleinerer Erfolge sensibilisiert werden. Desweiteren war auch beim Umgang mit dem Fachenglisch ein Unterschied zwischen S1 und S2 bemerkbar. S1 war hiermit wesentlich vertrauter und kam damit schneller zurecht. Dies wurde von S2 aber neidlos anerkannt und S2 wagte sich auch an einen der englischsprachigen Artikel heran. In einem Gespräch und auf dem Projekttagebuch-Bogen für den entsprechenden Tag wurde jedoch vermerkt, dass das Englisch als schwierig angesehen wurde.

Diskussion

Von den oben genannten Schwierigkeiten trat einzig und allein die bei S2 etwas geringer ausgeprägte Frustrationstoleranz auf. Im Team verstanden die beiden Schüler sich sehr gut und für den Schüler S2 war der Besuch des SFNs mit der Zeit so wichtig geworden, dass er – als auf Grund eines Bahnstreiks keine Zugverbindungen möglich waren und seine Eltern nur eine Fahrt übernehmen konnten – im SFN übernachtete.

9 Erprobte Lösungsansätze

9.1 Themenfindung

Bezüglich der Themenfindung habe ich mich dazu entschlossen, das gängige Verfahren am SFN durch ein intensives Gespräch zu beraten, um einen Orientierungsbogen zur Projektfindung (siehe Anhang, S.iii) zu ergänzen.

Das Vorgehen den SuS Themen oder Fragen von außen vorzugeben, wie es im Regelunterricht für Forschendes Lernen teils praktiziert wird, ist am SFN nicht umsetzbar, da es gegen den Grundsatz „Hilf mir, es selbst zu tun!“, verstoßen würde. Desweiteren dämpfen solche Vorgaben auch die eigene Motivation der SuS. Am SFN wird jedoch großer Wert darauf gelegt, dass die SuS sich mit ihren Projekten identifizieren[1].

Darstellung der Arbeit mit Orientierungsbogen und Evaluation

Um die Themenfindung zu strukturieren und zu erleichtern, wurde von mir ein Orientierungsbogen zur Projektfindung als Coachinginstrument entwickelt, der zu Beginn des Schuljahres am SFN eingesetzt wurde. Auf dem Fragebogen wird zunächst die Motivation der SuS für ihre Arbeit am SFN abgefragt (für deren Auswertung siehe Kapitel 5.2), da diese wichtige Ansatzpunkte für ein anschließendes Coaching-Gespräch liefern können. Im Anschluss wird gefragt, ob schon eigene Ideen für ein Projekt vorhanden sind. Diese sollen kurz beschrieben werden. Dadurch soll, falls nötig, ein Anfang für eine Reflexion der eigenen Vorhaben geschaffen werden. Anschließend wer-

1 Dass dies gelingt, ist durch eine hohe Identifikation der SuS mit den Arbeitsweisen und der Institution die sich in den Besuchsgründen (siehe dazu auch Kapitel 5.2) widerspiegelt, sowie der Tatsache, dass es keinen Vandalismus gibt und die Teams während der Projektarbeit oft in einen Flow geraten (siehe dazu auch Interview 13, S.xli ff)

den die Interessen nach Fachgebieten sortiert abgefragt. Hierdurch sollen die SuS sich bewusst werden, mit welchen Fachgebieten sie sich auseinandersetzen wollen. Danach werden weitere Rahmenbedingungen wie zum Beispiel der Wunsch nach theoretischem oder praktischem Arbeiten, nach schnellen Ergebnissen, nach Experimenten, etc. abgeklärt und ein Blick in die Projektliste angeregt. Hierdurch erhält der Berater eine Übersicht über Interessen und Einstellungen des Teams, die er anschließend in seinem Beratungsgespräch nutzen kann. Auf der Rückseite des Bogens soll das Team das Ergebnis (Wir haben uns für das Thema XYZ entschieden) und die Gründe für diese Entscheidung festhalten. Das Ziel hiervon ist, dass die SuS ihren Entscheidungsprozess reflektieren.

Diskussion

Die Motivation für die Arbeit am SFN konnte von den Teams gut benannt werden. Bei eigenen Themenvorstellungen wurde meist nur ein Schlagwort genannt – entweder war es hier den SuS zu mühsam, eine kurze Beschreibung abzuliefern oder sie hatten noch keine Vorstellungen entwickelt, die so präzise waren, dass sie zu Papier gebracht werden konnten. Das Ankreuzen der Interessenbereiche funktionierte auch gut und wurde von den SuS zum Beispiel noch um den Bereich Informatik und Medizin erweitert, die auf einer überarbeiteten Version des Bogens aufgenommen werden könnten. Ein Berater gab mir auch die Rückmeldung, dass gerade jüngere SuS mit den Begriffen der Fachbereiche noch keine Inhalte verbinden und daher noch kurze Erklärungen oder schülergerechtere Bezeichnungen verwendet werden sollten (z.B. Informatik: Wir programmieren und arbeiten mit PCs). Auch die Liste zum Ankreuzen von weiteren Rahmenbedingungen wurde angenommen und bei Bedarf erweitert. Neu genannte Punkte waren hier zum Beispiel „einen Erfolg zu erzielen" und „sich intensiv mit einem Thema beschäftigen". Das Auflisten von interessanten Projekten aus der Projektliste wurde auch vorgenommen. Wenn eine klare Entscheidung für ein Thema an dem Tag der Beratung gefällt wurde, wurde dies auch in den meisten Fällen auf dem Bogen eingetragen. Die Reflexion, weshalb nun dieses Thema gewählt wurde, wurde jedoch oft ausgelassen oder nur sehr knapp abgehandelt. Hierfür könnte ein möglicher Grund sein, dass die SuS

in dieser frühen Phase der Themenfindung noch nicht zu dieser Reflexion in der Lage sind, da sich der Prozess, bis sich auch bei einer Entscheidung für ein Thema dann eine Forscherfrage entwickelt, über Wochen ziehen kann (siehe dazu [HH14]). Dementsprechend muss an dieser Stelle ein Ansatz gesucht werden, wie dies für die Schüler lohnender sowie praktikabler wird und eine Motivation zur Verschriftlichung der zuvor durchgeführten Überlegungen erzeugt wird. Ein möglicher Ansatz könnte die Aufsplittung in zwei Bögen sein, wobei der zweite Bogen den Reflexionsteil über die Projektwahl enthält, und erst ausgefüllt wird, wenn der Prozess der Projektwahl abgeschlossen ist.
Bei von mir beobachteten oder durchgeführten Beratungen zur Themenwahl konnte ich jedoch beobachten, dass die SuS innerhalb ihrer Teams über den Orientierungsbogen gut ins Gespräch kamen und sich untereinander über ihre Interessen und Vorstellungen über das Projekt austauschen konnten. Teils regte der Bogen sie auch zu intensiven Diskussionen darüber an, welches Fachgebiet sie wählen wollen.

9.2 Projektdurchführung

Während der Projektdurchführung wurden von mir zum einen Coachinggespräche mit den Teams geführt (siehe dazu auch Kapitel 8.2) als auch ein Bogen mit Anregungen für ein Projekttagebuch entwickelt (siehe dazu S.v) und mit den Teams erprobt.

Ein Ergebnisportfolio bietet sich für die Arbeit am SFN nicht zwingend an, da es öfters lange dauern kann, bis erste für die SuS sichtbare und greifbare Ergebnisse vorliegen, die in einem solchen Portfolio gesammelt werden können. Dementsprechend besteht die Gefahr, dass die SuS hierdurch demotiviert werden. Ein Lernportfolio konzentriert sich auf erreichten Wissenszugewinn oder erworbene Kompetenzen, die zum Beispiel an Hand von Kompetenzmatrizen eingeschätzt werden. Hierfür benötigen die SuS jedoch in der Regel eine Vorgabe zum Messen (Kompetenzmatrix). Da der Weg für die Lösung des Projekts jedoch im Vorhinein nicht klar ist, kann auch eine solche Messvorgabe nicht konzipiert werden.

Das Lernjournal wurde in leicht abgeänderter Form für die Anregungen für das Projekttagebuch verwendet. Die Änderung liegt hierbei darin, dass es nicht nur rückblickend das Vorgehen des Tages, für den der Eintrag verfasst wird, beleuchtet, sondern auch eine Vorausschau auf den nächsten Arbeitstag unter dem Punkt „Daran können wir beim nächsten Mal weiterarbeiten" bietet. Dieser Punkt wurde bei der ersten Erprobung mit Team A hinzugenommen und beibehalten, um die SuS zu einer eigenständigen Strukturierung ihres Projekts anzuregen, womit viele der SuS zunächst Probleme haben (siehe dazu auch Kapitel 7).

Darstellung der Arbeit mit dem Bogen und Evaluation

Die Teams wurden aufgefordert für jeden Nachmittag, den sie am SFN verbracht haben, einen Bogen für das Projekttagebuch auszufüllen. Beide Teams waren in der Lage den Bogen zügig auszufüllen (Zeitbedarf ca. 5 Minuten). Punkte, die (aktuell) nicht auf das Projekt passten, wurden frei gelassen. Da Team A durchgängig in zwei Zweier-Gruppen arbeitete, wurden beide Gruppen gebeten je einen Bogen auszufüllen. Hierbei zeigte sich, dass die eine der beiden Gruppen (Team A1) zu deutlich reflektierteren Eintragungen in der Lage war. Die SuS konnten (bis auf eine Ausnahme) für jeden der Nachmittage zumindest einen Punkt nennen, der gut geklappt hatte und mit dem sie sich auch einen Lernfortschritt bescheinigen konnten.

Bei einer Rücksprache mit dem Team B, ob sie noch weitere Punkte hätten, die sie auf einem solchen Bogen aufnehmen würden, war das Ergebnis, dass der Bogen aus Sicht des Teams vollständig ist. Das Team begründete dies damit, dass das aktuelle Arbeiten und auch die Vorausschau für den nächsten Arbeitstag gegeben seien.

Diskussion

Die SuS sind in der Lage angeleitet ein Projekttagebuch zu führen. Allerdings sehen es die Schüler aus Team A (8. Klasse) als eine Zusatzaufgabe an, die sie erledigen, weil es von ihnen gefordert wird. Ein Schüler aus Team B (10. Klasse) war der Ansicht, dass es eventuell später ein Gewinn sein könnte, die ausgefüllten Bögen zu haben. Wie eine intensive Diskussion auf der Fortbildung im SFN vom 31.1.2015 zeigte, ist es schwer, hier eine Lösung zu finden. Dort gemachte Vorschläge werden im Ausblick (Kapitel 11) genannt. Bei Team A1 zeigte sich (siehe Scans im Anhang), dass das Team sich nach den bei „Daran könnten wir weiterarbeiten ...“ genannten Punkten in seiner Arbeit strukturierte.

9.3 Teamfindung

Die gängigen Vorschläge aus der Erlebnispädagogik wie der Besuch eines Kletterparks oder der Einsatz von kooperativen Spielen wurde nicht erprobt, da dies im Rahmen der Arbeit am SFN nicht möglich ist (Besuch des Kletterparks) und der Einsatz von kooperativen Spielen nicht zu dem Ansatz und der Einstellung der Teilnehmer (siehe dazu auch Kapitel 5.2) passt, dass die (gemeinsame) Arbeit am Projekt und das Interesse an Naturwissenschaften und Forschung der Grund für den Besuch des SFNs ist. Diese Voraussetzungen können jedoch als Grundlage für ein Coachinggespräch zum Thema Teamfindung genutzt werden. Um dieses Gespräch zu unterstützen und den SuS die Möglichkeit zur Vorbereitung zu geben, wurde von mir ein Bogen zur Teamfindung entwickelt und mit beiden Teams erprobt.

Darstellung der Arbeit mit dem Bogen und Evaluation

In den Teams hat jeder der Schüler[2] den Bogen für sich und in meiner Abwesenheit ausgefüllt. Bei Team A lag die Situation vor, dass das Team sich gegenseitig blockiert hat, und nur eingeschränkt arbeitsfähig war (siehe dazu auch Kapitel 8.2). Hierbei fiel den Mitgliedern von Team A auf, dass sie bei dem Punkt „In meinem Team klappt schon gut ...“ nichts eintragen konnten, und somit der Handlungsbedarf zur Verbesserung der Zusammenarbeit offensichtlich wurde. Gemeinsam mit Team A wurden auf Grund der Punkte, die sie in den Bögen genannt haben, folgende Teamregeln aufgestellt:

- Anderen wird zugehört.
- Andere werden respektiert.
- Es arbeitet nicht nur ein Teammitglied.

2 Ein Schüler aus Team A war abwesend, wurde aber per SMS mit einbezogen und bekam, als er wesentlich verspätet am SFN ankam, noch die Möglichkeit sich zu den Regeln zu äußern.

- Alle Teammitglieder haben anwesend zu sein, es sei denn sie fallen krankheitsbedingt aus.
- Geduld haben
- kooperieren/zusammenarbeiten

Nachdem die Teamregeln aufgestellt waren, besserte sich die Zusammenarbeit im Team merklich und die am SFN verbrachte Zeit wurde produktiver genutzt als zuvor. Ansatzweise bestätigen die SuS auch eine Besserung der Teamarbeit im Interview.

Interview 9:

Gente: Jetzt haben wir letztes Mal ja schon mal Teamregeln zusammen aufgestellt. (siehe dazu auch Kapitel 9).
S2: Ja. **Gente**: Habt ihr die grade griffbereit?
Teamregeln werden aus der Projektkiste geholt.
S2: (liest Teamregeln vor) Andere werden respektiert. Es arbeitet nicht nur ein Teammitglied. Alle Teammitglieder haben anwesend zu sein, es sei denn sie fallen krankheitsbedingt aus. Geduld haben und kooperieren, zusammenarbeiten.
Gente:Wenn wir die Punkte jetzt mal anschauen. Welche davon sagt ihr klappen jetzt schon und bei welchen müsste man noch arbeiten?
S4: Wir waren auf jeden Fall anwesend, ja.
Zustimmung der anderen.
S2: Geduld haben wir auch.
S1: wirklich?
S2: ja **S2**: Es arbeitet nicht nur ein Teammitglied.
S4: Das weiß ich nicht. Ich habe eben auch gearbeitet.
S1: Ich habe euch zugesehen und euch Tipps gegeben. Und außerdem berate ich XYZ, hallo?
Durcheinander
S4: Anderen wird zugehört.
S2: Ja, ich würde sagen schon.
S1: Zwischenzeitlich.
S3: Einigermaßen.
S2: Andere werden respektiert.
S1: Ja, grade so.
Zustimmung der anderen

Team B arbeitete von Beginn an gut zusammen (siehe dazu auch Kapitel 8.2). Beim Ausfüllen der Bögen stellte sich heraus, dass die beiden Schüler diesen Beobachtungseindruck von mir teilen und beide mit der Teamarbeit in der jetzigen Form zufrieden sind (Von meinen Teammitgliedern wünsche ich mir: „Das passt alles“, „passt so“). Dementsprechend wurden mit diesem Team keine Teamregeln aufgestellt. Als Punkte, bei denen es den Schülern im Team gut geht, wurden genannt:

In meinem Team geht es mir gut, wenn ...

- .... alle etwas machen; alle mitarbeiten,
- ... man sich im Team versteht,
- ... (dass) keiner „Mist“ macht; nicht dauerhaft „Mist“ gemacht wird.

Diskussion

Der Einsatz des Teambogens hat sich bewährt. Bei Team A führte er dazu, dass die Mitglieder sich bewusst wurden, was sie voneinander erwarten, damit die Zusammenarbeit gelingen kann. Die SuS waren in der Lage aus den genannten Punkten eigene Teamregeln zu formulieren. Bei Team B führte der Bogen dazu, dass die SuS sich ein gelingendes Teamwork bestätigten und mir damit auch die Gelegenheit gegeben wurde, meine Beobachtung mit der Wahrnehmung der Schüler abzugleichen. Dementsprechend möchte ich vorschlagen ein solches Coachinggespräch unter der Verwendung eines solchen Bogens standardmäßig mit den Teams zu Beginn eines Projektes zu führen, um Teamproblematiken wie in Kapitel 7 vorzubeugen und die SuS dafür zu sensibilisieren, wie eine gute Zusammenarbeit gelingen kann.

10 Frage nach der Übertragung in den Regelunterricht

10.1 (Lern)Coaching im Regelunterricht

Es gibt verschiedene Methoden und Arbeitsformen, die der Lehrperson die für ein (Lern)Coaching nötigen Freiräume verschaffen. Eine Methode ist das Forschende Lernen. Dessen Einsatz im Regelunterricht wird jedoch in den folgenden zwei Unterkapiteln genauer beleuchtet und daher hier nicht weiter diskutiert.
Eine andere Möglichkeit bietet der Einsatz von sogenannten Lernaufgaben nach Leisen
[Lei15a]. Beim Einsatz von Lernaufgaben im Unterricht gibt die Lehrperson die Steuerung des Unterrichts an die Aufgabe ab[1]. Es handelt sich hierbei also um einen primär materialgesteuerten Unterricht, in dem die Lehrperson als Wissensvermittler zurücktritt. Sie wird somit zum Prozessbegleiter und hat damit den Freiraum und die Aufgabe ihren SuS als LernCoach zur Seite zu stehen.

Dies erfordert allerdings, dass sich die Lehrperson von der Vorstellung, dass sie permanent bewerten muss, entfernen muss und auch die SuS nicht eine permanente Notenvergabe erwarten dürfen (siehe dazu auch H. Meyer in [Mey11] zu Gruppenunterricht). Dementsprechend ist es die Aufgabe der Lehrperson, in dem existierenden System von bewerteten Klassenarbeiten und Halb- und Ganzjahreszensuren Freiräume zu suchen, die dies ermöglichen.

Ein Einsatz von Coaching im Regelunterricht ist auch wünschenswert, da es sich hierbei um ein ressourcenorientiertes Vorgehen handelt. In der aktuellen Praxis überwiegt jedoch der Blick auf Defizite, wie sich in den Automatismen zur Wiederholung von Jahrgangsstufen und Förderplänen für schwache SuS zeigt, aber kein Automatismus für die Förderung von Stärken von SuS oder von besonders leistungsfähigen SuS (z.B. dem Überspringen einer Klasse) vorliegt.

1 siehe dazu auch [Lei15a]

Desweiteren bietet (Lern)Coaching die Möglichkeit einer gezielten Vermittlung von Strategien. Hierauf verfallen zur Zeit im Unterricht nur 2% der Lehreraktivitäten [Lan06, S.157]. Eine Schule, die konsequent einen Coaching-Ansatz in ihrer gesamten Konzeption verfolgt, ist das Institut Beatenberg, Schweiz (siehe dazu auch [Bea15]).

10.2 Forschendes Lernen im Regelunterricht

Die Situation am SFN hat gegenüber dem Regelunterricht einige Besonderheiten. Die dort arbeitenden SuS sind fachlich hoch motiviert und wollen die besonderen Möglichkeiten eines Schülerforschungszentrums bewusst nutzen (siehe Kapitel 5.2). Eine solche intrinsische Motivation kann im Regelunterricht nicht bei allen SuS vorausgesetzt werden, sondern muss geschaffen werden. Ohne eine wirkliche Motivation und eine daraus entstehende Neugierde ist jedoch der erste Punkt der Kriterien für Forschendes Lernen von Reitinger (siehe Kapitel 3) nicht erfüllt, diese kann jedoch nach Haupt in [Hau14] beim Forschenden Lernen entstehen.

Desweiteren legen die SuS am SFN selbst fest, wie lange sie an ihren Projekten arbeiten möchten. Eine Bearbeitungsdauer von mehreren Jahren ist hierbei keine Seltenheit. Im Regelunterricht hingegen muss mit wesentlich kürzeren Zeiträumen gearbeitet werden.

Auch ist das SFN ein notenfreier Raum. Im Regelunterricht muss jedoch am Ende des Schuljahres eine Note erteilt werden, so dass auch Phasen, in denen Forschendes Lernen stattfindet, nicht komplett bewertungsfrei sein können.

Ein Beispiel, wie dies in der Praxis eines Biologieleistungskurses über einen Zeitraum von vier Monaten umgesetzt werden kann, wird in Kapitel 10.3 beschrieben.

Das Heft „Forschendes Lernen, mathematiklehren 184"([mat14]) liefert Material, mit dem Forschendes Lernen im Regelunterricht auch in kleineren Einheiten umgesetzt werden kann.

Forschendes Lernen erfordert von den SuS ein hohes Maß an Selbstständigkeit und eigenständigem Vorgehen (um dies zu trainieren, können die Bausteine von Haupt [Hau14] eingesetzt werden, siehe auch Kapitel 7). Da die SuS möglichst, bis auf kurze Instruktionseinheiten der Lehrkraft, selbstständig an ihren Problemstellungen arbeiten, entstehen hierdurch Zeitfenster für Lerncoaching[2]. D.h. es werden für die Lehrkraft zeitliche Freiräume geschaffen, in der sie mit einzelnen SuS oder Gruppen Gespräche führen und somit eine dialogische Diagnose (siehe dazu auch [Esc08]) stellen kann.

Da Forschendes Lernen eine Form des selbstgesteuerten Lernens ist, bietet es die Chance, die Neugierde und Lernbereitschaft[3], die in der Unterstufe mitgebracht werden, zu erhalten, was dem aktuellen Regelunterricht leider nur unzureichend gelingt (siehe dazu auch [Rot76, S. 160 ff]).

10.3 Forschendes Lernen und Lerncoaching in einem Biologie-Leistungskurs der Q2

Im Folgenden wird eine Situation aus dem Regelunterricht beschrieben, in der die SuS sowohl mit Forschendem Lernen gearbeitet haben als auch von ihrer Lehrerin Dr. Christiane Gräf, Ricarda-Huch-Schule, Dreieich Sprendlingen, intensiv durch LernCoaching betreut wurden[4]. Die beschriebene Projektarbeit fand im Sommerhalbjahr des Schuljahres 2013/2014 statt und wurde in einem Biologie-Leistungskurs in Q2 durchgeführt. In den Unterrichtsstunden wurde Ökologie am Beispiel des Waldes erarbeitet. Die Tutorstunde wurde als Beratungsstunde verwendet und, falls zeitlicher Bedarf war, wurden lange Pausen, Mittagspausen oder die 5. Wochenstunde (Einzelstunde) des Biologieunterrichts für weitere Beratungen hinzugenommen.

Die SuS hatten die Aufgabe innerhalb von vier Monaten verschiedene Biotope zu untersuchen. Hierfür waren von Frau Dr. Gräf verschiedene Fragestellungen vorbereitet worden, die den SuS durch Losverfahren zugeordnet wurden[5]. Dadurch wurden die Gruppen auch zufällig zusammengesetzt. Dieses Verfahren wendete Frau Dr. Gräf an, da sie Gruppenstrukturen, die sich im Kurs gebildet hatten, aufbre-

2 Für die Bedeutung des Wechsels von Instruktion und Konstruktion sowie die Rückmeldungen durch Feedback siehe auch [Man06].

3 Nach Reitinger Voraussetzungen für Forschendes Lernen, siehe auch 3

4 Die verwendeten Informationen entstammen einer E-Mail-Korrespondenz und Gesprächen mit Frau Dr. Gräf.

5 Dies ist ein deutlicher Unterschied zum Vorgehen am SFN. Dort wird sowohl von den SuS als auch von den Betreuern großer Wert auf die selbstständige Wahl der Themen gelegt. siehe dazu auch 5.3

chen und die soziale Kompetenz sowie die Zusammenarbeit fördern wollte. Das Losverfahren wurde akzeptiert, die SuS hatten dann allerdings Probleme mit der Identifikation mit dem Thema[6]. Dies Vorgehen wird von Frau Dr. Gräf im Nachhinein als optimierbar angesehen. Frau Dr. Gräf nennt als auftretende Probleme und Schwierigkeiten methodische Probleme, das Finden der Fragestellung, die Gruppenorganisation[7] und die schriftliche Fassung. Für den Regelunterricht ist diese von Bedeutung, da hier eine Ergebnissicherung erfolgen muss, die trag- und ausbaufähig für den weiteren Gang des Unterrichts ist, und auch ein Endprodukt vorliegen muss, das bewertet werden kann[8]. Die Note auf die Projektarbeit ging zu einem Drittel in die mündliche Note mit ein. Den SuS wurden im Vorfeld die Bewertungskriterien für ihre Arbeit in Form einer Matrix (siehe Anhang, S.vi) zur Orientierung offen gelegt.

Den oben genannten Problemen wurde von Frau Dr. Gräf durch Coaching begegnet. Hierfür fanden wöchentliche Treffen (siehe oben) statt. Zusätzlich konnten die Gruppen jederzeit dabei die Möglichkeit wahrnehmen, weitere Ideen und Probleme zu diskutieren. Methodische Probleme ließen sich bei diesen Treffen gut beraten und anleiten. Die Beratungen fanden vor Ort in den Biotopen statt, damit auch die Arbeitsweisen der SuS in Hinblick auf Sauberkeit, Genauigkeit und Sicherheit betrachtet werden konnten. Die sich hierbei zeigenden Probleme, worunter auch soziale Probleme bezüglich des Umgangs innerhalb der Gruppe waren, konnten so zeitnah beraten werden. Bei Problemen mit der zu untersuchenden Fragestellung wurden die Aussagen der SuS gespiegelt und ihnen verdeutlicht, dass sie selbst sich die Fragen stellen müssen, und die Gelegenheit gegeben, diese in der gemeinsamen Diskussion zu entwickeln. Die Gruppenorganisation – ein Aspekt, der auch sonst durch Coaching behandelt werden kann – wurde den SuS selbst überlassen bzw. sie wurden bei größeren Konflikten an schulinterne Beratungsmöglichkeiten verwiesen. Beim Verfassen der schriftlichen Fassung wurden die SuS eingewiesen und dann „alleine gelassen“. An dieser Stelle wäre jedoch laut Frau Dr. Gräf mehr Beratung und Unterstützung notwendig gewesen.

---

6 Daher am SFN selbstständige Themenwahl, Teams benennen wie wichtig die Identifikation aller aus der Gruppe mit dem Thema ist, siehe auch Kapitel 7

7 In mehreren Interviews haben die Teams darauf hingewiesen, dass es für sie wichtig ist, dass sie sich gut untereinander zu kennen, um effektiv arbeiten zu können. Durch das Losverfahren war dies hier nicht erfüllt.

8 Am SFN werden schriftliche Fassungen in der Regel nur für Wettbewerbe erstellt.

Um den eigenen Lernprozess und Arbeitsfortschritt zu beleuchten, wurden von den SuS zum einen die Coaching-Gespräche genutzt. Zwei der vier Gruppen nutzten diese Treffen, um Rückmeldungen zu ihren Ergebnissen einzuholen. Zum anderen präsentierten die Gruppen ihre Ergebnisse auch auf dem Jubiläumsgartenfest im Schulgarten der Schule anlässlich des 50-jährigen Bestehens der Schule. Durch die sich dort ergebenden Diskussionen mit Außenstehenden erhielten die SuS eine Rückmeldung über die Qualität ihrer Untersuchungen und ihrer daraus entwickelten Ergebnisse[9].

Frau Dr. Gräf zieht folgendes Fazit: Das Projekt soll wiederholt werden. Hierzu sieht sie die Notwendigkeit, da die SuS im sonstigen Unterricht zwar beste Fertigkeiten im Präsentieren wie auch für Recherchen entwickelten, für Forscherfragen aber zu wenig Raum erhielten. Die Behandlung solcher Forscherfragen sieht sie als wichtig für die Vorbereitung auf ein Studium an, da an ihnen zum einen die Eigenständigkeit als auch überfachliche Kompetenzen wie zum Beispiel Teamfähigkeit, Organisationsfähigkeit und Zeittreue geschult und gefördert werden. Ihren Beobachtungen zufolge haben die SuS stark von dem Projekt profitiert. Sie beschreibt ihre SuS am Ende des Projekts als belastbarer und durchsetzungsfähiger in dem Sinne, dass die SuS stärker und sachgerechter beim Argumentieren und selbstbewusster wurden, sowie einen besseren Zusammenhalt zeigten.

Bei einer erneuten Durchführung würde sie den SuS jedoch mehr Vorbereitungszeit einräumen und sie stärker an der Themenfindung beteiligen (siehe oben). Die Zufallsgruppen würde sie wieder einsetzen, um auf das Arbeiten in solchen Gruppen an der Universität vorzubereiten. Für die Themenfindung schlägt sie als Verbesserung den Einsatz eines Projekttages vor, an dem die Biotope vorgestellt und Möglichkeiten erörtert sowie erste Forscherfragen erstellt werden und dann die Themen von den SuS formuliert werden. Die beabsichtigte Schulung der sozialen Kompetenzen gelang bei drei von vier Gruppen gut und „insgesamt war die fachliche Zusammenarbeit nach der Projektphase nachhaltig besser, die Beratungskompetenz war deutlich gesteigert.“ Auch beim Verfassen der schriftlichen Arbeit muss mehr Zeit und Raum für die Beratung und Unterstützung eingeplant werden, damit die SuS nicht „... in eine Falle laufen, sondern befähigt werden eine gute Leistung zu bieten!“

9 Diese Möglichkeit erhalten die SuS am SFN, indem sie mit allen dort arbeitenden Beratern sprechen können, sowie ihre Arbeiten bei Jugend forscht und auf dem Schülerkongress präsentieren können.

Um die SuS besser auf das Verfassen solcher schriftlichen Arbeiten vorzubereiten, wurden Überlegungen angestellt, bereits in den vorherigen Schuljahren kleinere Arbeiten oder umfangreichere Protokolle verfassen zu lassen.

11 Ausblick

Für die weitere Praxis möchte ich folgende Idee eines vorstrukturierten Ordners zur Unterstützung der Teams zur Diskussion stellen: In einem optisch ansprechend gestalteten Ringbuch[1], zum Beispiel mit dem Logo des SFN versehen und der Möglichkeit ein eigenes Deckblatt zu entwerfen, werden verschiedene Bögen den Teams angeboten. Es könnten Auszüge aus den Interviews mit Tipps zum Vorgehen von SuS für SuS folgen, da sich in den Interviews zeigte, dass die SuS in der Lage sind ihr Vorgehen bei der Wahl von Projekten und deren Durchführung zu reflektieren und erfolgversprechende Strategien zu benennen[2].

Es wird die zweite Seite des Bogens „Orientierungsbogen zur Projektwahl", auf der festgehalten wird, welches Thema nun gewählt wurde und die Gründe dafür dargestellt werden, zur Verfügung gestellt. Somit wird den SuS mehr Zeit gegeben ihre Wahl zu überdenken und auch die Möglichkeit des Ausprobierens verschiedener Themen in Betracht gezogen (siehe dazu auch Team A, Kapitel 8). Anschließend folgen verschiedene Anregungen zur Dokumentation des Projekts, zum Beispiel der Bogen „Anregungen für ein Projekttagebuch". Auf der Fortbildung vom 31.1.2015, bei der ich meine Beobachtungen vorstellen konnte (siehe [Gen15]), wurde diskutiert, dass eine strenge Trennung von Projekttagebuch und Laborbuch nicht zwingend zielführend ist.

Bezüglich der Problematik, dass die SuS ihre Projekte besser dokumentieren sollen, wurde hier der Lösungsvorschlag erarbeitet, den SuS verschiedene Dokumentationsformen zur Auswahl zu stellen (Laborbuch, Projekttagebuch, Ablaufplan, ...) und bei der Anmeldung sowie später bei der Projektdurchführung verstärkt auf die Einhaltung

1 Im KidsClub der Lichtenberg Schule wurde mittlerweile der Einsatz von selbstgestalteten Schnellheftern als Laborbuch erprobt. Die Hefter wurden liebevoll mit dem Logo des SFNs und anderen Elementen von den Kindern gestaltet und im Laufe der Projekte mit Ideenskizzen und Plänen gefüllt.

2 Es wäre interessant zu untersuchen, ob dies von den SuS besser angenommen wird als Ratschläge von Betreuern.

zu achten. Es ist geplant, die gewählte Dokumentationsform in der Teilnehmerliste zu vermerken.

In einem weiteren Kapitel des Ordners können der Teamfindungsbogen und eine für Teamregeln reservierte Seite bereitgestellt werden.

12 Weitere Praxisbeispiele zu Forschendem Lernen

12.1 Hinführung zu Forschendem Lernen im Physik-Unterricht

Im Folgenden wird eine Unterrichtseinheit aus dem Physikunterricht zum Thema Energieumwandlung und -erhaltung dargestellt, mit der Schülerinnen und Schüler an das Forschende Lernen herangeführt werden können. Die Einheit wurde 2016 auf dem nationalen Science on Stage-Festival von Gente unter dem Titel „Bouncing off - The Science of Squash“ präsentiert [Gen16] .

Beim Squash gibt es für die verschiedenen Könnensstufen der Spieler unterschiedliche Bälle, die sich in ihren Absprunggeschwindigkeiten unterscheiden. Das Sprungverhalten der Bälle wird mittels Videoanalyse mit Smartphones untersucht und die Absprunggeschwindigkeit der Bälle mit Hilfe der Energieerhaltung ermittelt. Die auftretenden Verluste durch die Umwandlung in Wärmeenergie werden thematisiert und der Einfluss der Temperatur des Balles auf dessen Sprungverhalten betrachtet. Dieses wird in von den Schülerinnen und Schülern individuell geplanten Experimenten weiter untersucht.

Das Projekt verbindet kontextorientierten Physikunterricht mit dem Einsatz moderner Medien, der nach dem Konzept „Bring your own device“ erfolgt. Die Schülerinnen und Schüler nutzen ein englischsprachiges Video des MIT zur Informationsgewinnung und bringen ihre im Fremdsprachenunterricht erworbenen Kompetenzen in den Physikunterricht ein. Die Schülerinnen und Schüler erhalten während des Projekts immer größere Freiheiten beim Experimentieren: Die Entwicklung des ersten Experiments erfolgt aus dem Vorwissen und gegen Ende des Projekts selbstständig zu selbst ausgewählten Fragestellungen. Es entwickelt sich vom handlungsorientieren, experimentellen Vorgehen eine Hinführung zu Forschendem Lernen.

Die Untersuchung vom Sprungverhalten von Bällen zur Anwendung des Konzepts der Energieerhaltung kann auf die verschiedensten Sportarten erweitert werden. Dies ermöglicht eine einfache Umsetzung, indem in der Schule vorhandene Bälle genutzt werden können. Auch die Thematik der Verluste durch Umwandlung in Wärmeenergie lässt sich an anderen Bällen behandeln. Allerdings ist das Sprungverhalten von Bällen anderer Sportarten nicht so stark temperaturabhängig wie bei Squashbällen, so dass sich für diesen Aspekt Squash als Sportart anbietet.

Im Folgenden wird nun der Gang des Unterrichts skizziert. Die Schülerinnen und Schüler werden über die Sportart Squash informiert und erhalten die Information, dass dort verschiedene Bälle eingesetzt werden, die sich in ihrer Absprunggeschwindigkeit unterscheiden. Sie erhalten den Auftrag, in Gruppen ein Experiment zu planen, mit dem sie die Absprunggeschwindigkeit eines Balles ermitteln können. Den Gruppen ist ein Versuch bekannt, bei dem mit Hilfe von Videoanalyse und Energieerhaltung die Absprunggeschwindigkeit eines „Umkrempelflummis" ermittelt wird. Dieses Experiment wird von den Schülerinnen und Schülern auf die neue Situation angepasst. Jede Gruppe hält die Planung ihres Experiments und notwendiger Auswertungsschritte auf Folie fest. Die Planungen werden im Plenum besprochen und die Notwendigkeit einer gemeinsamen Fallhöhe der Bälle thematisiert. Es ergibt sich folgendes Experiment: Die Bälle werden vor einem Zollstock aus 2 m Höhe fallen gelassen und aus dem Video wird ermittelt, wie hoch der Ball nach dem Aufprall springt. Aus der Höhe nach dem Absprung wird mit dem Energieerhaltungssatz die Absprunggeschwindigkeit berechnet.

Da das Sprungverhalten der Bälle temperaturabhängig ist, bietet es sich an, die Bälle erst kurz vor dem Experiment an die Schülerinnen und Schüler zu verteilen, um ein Erwärmen durch das Halten eines Balles in der Hand oder durch Sprungversuche zu minimieren.

Die SuS untersuchen nun in Gruppen jeweils verschiedene Bälle. Eingesetzt wurden die Bälle „Dunlop Intro", „Dunlop Competition" und „Dunlop Pro". Diese drei Bälle unterscheiden sich in ihrer Absprunggeschwindigkeit bei einer Fallhöhe von 2 m ausreichend stark. Im Anschluss tauschen sie sich nach dem Prinzip eines Expertenpuzzles untereinander aus und ordnen „ihren" Ball als „langsam" oder „schnell" im Vergleich zu den anderen Bällen ein. Es erfolgt ein Rückbezug zum Kontext Squash, indem überlegt wird, welchen Ball man

Abbildung 12.1: Dokumentation der Versuchsdurchführung

welchem Spielertyp zuordnet: „schnelle“ Bälle bekommen Anfänger, da sie wenig Geschick und Kraft erfordern, um ein Spiel zu Stande kommen zu lassen, „langsame“ und damit schlechter springende Bälle erhalten Fortgeschrittene und Profis. In der folgenden Stunde werden die auftretenden Verluste durch die Umwandlung in Wärmeenergie bei der Verformung des Balles thematisiert. Hierfür wird als Informationsquelle ein englischsprachiges Video („The Science of Bouncing“, [MIT]) eingesetzt. Je nach Kenntnisstand der Schülerinnen und Schüler kann das Video mit und ohne Untertitel verwendet werden. Das Video beginnt mit Erklärungen, die den Versuchen der SuS und der dort angewendeten Theorie ähneln und geht dann auf die molekulare Ebene über, indem der Einfluss der im Ball verwendeten Polymerketten thematisiert wird. Das Video liefert auch die Information, dass das Sprungverhalten der Bälle sich mit ihrer Temperatur verändert. Die Schülerinnen und Schüler planen nun zu selbst ausgewählten Fragestellungen Experimente. Als Material stehen Squashbälle, Zollstöcke, Smartphones und ein Föhn zur Verfügung. Im Kurs wurden zum Beispiel ein kalter und ein warmer Ball der gleichen Sorte miteinander verglichen und getestet, ob ein „langsamer“ Ball nach dem Erwärmen schneller als ein „schneller“ kalter Ball ist.

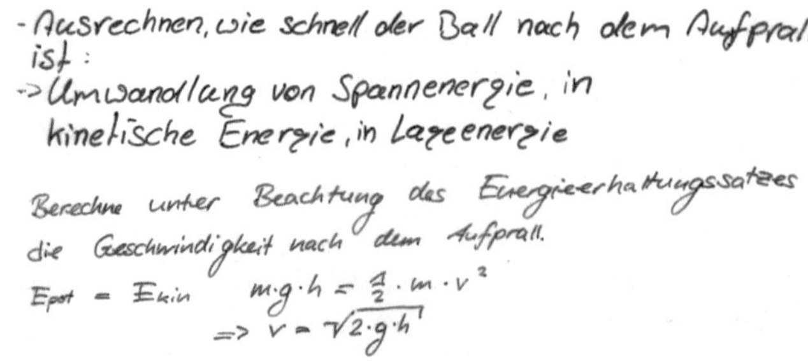

- Ausrechnen, wie schnell der Ball nach dem Aufprall ist:
-> Umwandlung von Spannenergie, in kinetische Energie, in Lageenergie

Berechne unter Beachtung des Energieerhaltungssatzes die Geschwindigkeit nach dem Aufprall.

$E_{pot} = E_{kin}$ $\quad m \cdot g \cdot h = \frac{1}{2} \cdot m \cdot v^2$

$\Rightarrow v = \sqrt{2 \cdot g \cdot h}$

Abbildung 12.2: Anwendung fundamentaler physikalischer Grundlagen

Als Forscherfragen ergaben sich:

- Wie viel höher springt ein erwärmter Ball als ein Ball bei Raumtemperatur?
- Springt ein warmer Pro-Ball höher als ein kalter Intro-Ball?
- Ist das „Bouncing" eines Squash-Balls temperaturabhängig?

Die SuS werten ihre Experimente aus und stellen ihre Ergebnisse auf Plakaten dar. Im Rahmen eines Galerierundganges präsentieren die Gruppen ihre Experimente und Ergebnisse. Zum Abschluss des Squash-Projekts wird der Zusammenhang $\Delta Q = c \cdot m \cdot \Delta T$, Q Wärmeenergie, c spezifische Wärmekapazität, m Masse, T Temperatur eingeführt und die Frage untersucht, aus welcher Höhe ein Squashball fallen muss, damit sich seine Temperatur um $1°C$ erhöht. Hierbei erfolgt ein Rückgriff auf die Experimente zu Beginn des Projekts, da der prozentuale Energieverlust beim Aufprall benötigt wird. Zur Vereinfachung wird davon ausgegangen, dass die Energie, die beim Absprung nicht mehr zur Verfügung steht, vollständig in Wärmeenergie des Squashballs umgewandelt wurde. Zusätzlich müssen die SuS sich Informationen beschaffen: Sie benötigen die Masse des Squashballs und die spezifische Wärmekapazität von Squashbällen. Die Masse kann sowohl handlungsorientiert durch Wiegen oder durch den Rückgriff auf Herstellerangaben ermittelt werden. Die spezifische Wärmekapazität von Squashbällen ist nicht ohne weiteres verfügbar. Es ist an dieser Stelle zunächst der Kompromiss notwendig, die spezifische Wärmekapazität von Gummi zu verwenden.

Dies bietet jedoch die Gelegenheit den Einfluss solcher Abschätzungen auf das Endergebnis zu thematisieren und zu überlegen, wie die spezifische Wärmekapazität des Squashballes bestimmt werden kann.

Weitere Literatur zur Physik des Squashs ist unter [ETH] zu finden.

12.2 KidsClub der Lichtenberg-Schule

Seit dem Schuljahr 2016/2017 wird in Kooperation der Georg-Christoph-Lichtenberg-Schule und dem Schülerforschungszentrum ein KidsClub-Termin unter der Leitung der Autorin angeboten, der von Schülerinnen und Schülern aus dem Jahrgang 5 und 6 der Lichtenberg-Schule besucht wird. Auf Grund der geringeren Gruppengröße im Vergleich zu dem in Kapitel 5 vorgestellten KidsClub werden hier keine Workshops zu verschiedenen Themen angeboten, sondern es wird gemeinsam in verschiedenen Bereichen der Naturwissenschaften experimentiert und die Schülerinnen und Schüler bekommen nach einem Einstieg in das experimentelle Arbeiten angeboten ihre eigenen Ideen in Projekten im freien Forschen umzusetzen. Hierbei kann eine Teilnahme bei Schüler experimentieren, der Juniorsparte des Wettbewerbs Jugend forscht, angestrebt werden, ist jedoch keine Voraussetzung. Am Ende des Schuljahres besucht die gesamte Gruppe den Schülerkongress am Schülerforschungszentrum und präsentiert dort die eigenen Projekte und Experimente aus dem vergangenen Jahr mit Hilfe einer Plakatausstellung. Im Laufe der Jahre hat sich das Hauptinteresse der Gruppe vom gemeinsamen Experimentieren immer mehr zur Untersuchung eigener Fragestellungen verschoben, so dass im Schuljahr 2019/2020 sogar alle Schülerinnen und Schüler eigene Projekte verfolgten.

Als Einstieg in den KidsClub hat sich ein Experiment bewährt, an dem die Schülerinnen und Schüler den Weg vom entdeckenden zum forschenden Lernen spielerisch erfahren können. Vorgestellt wurde das Experiment von Martin Kramer auf dem 107. Bundeskongress der MNU 2016 in Leipzig in einem Workshop [Kra16].

Als Material werden ungeschälte Trockenerbsen, Zahnstocher, Eimer und Seifenlauge verwendet. Die ungeschälten Trockenerbsen werden über Nacht in Wasser eingelegt, so dass sie aufquellen und weicher werden. Gemeinsam mit den Zahnstochern bilden sie nun einen Bausatz, bei dem der Phantasie fast keine Grenzen gesetzt sind. Zum

Bau von Objekten werden die Zahnstocher in die Erbsen gepiekst, so dass diese die Verbindungspunkte verschiedener Zahnstocher bilden. Ein einfach zu bauendes Objekt ist zum Beispiel ein Würfel.

Nun kommt die Seifenlauge ins Spiel. Diese lässt sich leicht herstellen, indem man pro Liter Wasser in einem Eimer vorsichtig 2 Esslöffel handelsübliche Flüssighandseife hineinrührt. Die Herstellung der Seifenlauge ist der erste Auftrag, den die Schülerinnen und Schüler selbst umsetzen. Hierbei wird an einem ungefährlichen Beispiel klar, dass Informationen aus Versuchsanweisungen genau umgesetzt werden müssen. Wer kräftig im Eimer umrührt, erhält eine Menge nachher störenden Schaums im Eimer, wer zu wenig Seife einrührt, erhält keine Seifenlauge, die sich für das anschließende Experiment verwenden lässt.

Die Schülerinnen und Schüler erhalten nun den Auftrag, sich zu überlegen, wie der gebaute Erbsen-Zahnstocher-Würfel aussieht, wenn man ihn in die Seifenlauge taucht und anschließend wieder herauszieht, d.h. wie die Seifenhäute auf dem Würfel liegen werden. Meist wird hier eine Vermutung geäußert, dass die Seifenhäute plan auf den Oberflächen des Würfels aufliegen, er also von den Seifenhäuten „wie in Geschenkpapier" eingepackt wird. Ihre Überlegungen dokumentieren die Schülerinnen und Schüler direkt auf einem Protokollbogen, der mit Hilfe von Figuren, die Forscher darstellen, und Sprechblasen für die Altersgruppe ansprechend gestaltet ist.

Der Würfel wird eingetaucht und es folgt die Überraschung beim Herausziehen aus der Seifenlauge. Da die Seifenhäute sogenannte Minimalflächen bilden, sind diese nach Innen zum Mittelpunkt des Würfels gezogen und berühren sich dort. Mit etwas Geschick kann man mit Hilfe des Würfelgerüsts auch eine „eckige Seifenblase" fangen.

Abbildung 12.3: Eine „gefangene“ eckige Seifenblase. Foto von KP Haupt

Nun ist es den Schülerinnen und Schülern freigestellt, welche geometrischen Körper sie noch mit dem Erbsen-Zahnstocher-Bausatz bauen und anschließend eintunken möchten. Hierbei werden die verschiedensten Formen umgesetzt, und zum Beispiel entdeckt, dass man auch Seifenblasen in Tetraederform „fangen“ kann.

Anhand dieses kostengünstigen und einfach umzusetzenden Experiments lernen die Schülerinnen und Schüler also folgende Punkte kennen:

- das Umsetzen einer Versuchsanleitung
- das Aufstellen einer Hypothese
- die Überprüfung einer Hypothese
- die Weiterentwicklung einer zunächst vorgegebenen Forschungsfrage zu eigenen kleineren Fragestellungen, „Wie sieht es aus, wenn ich ein Tetraeder eintunke?“, „Was ergibt sich, wenn der Würfel zum Haus umgebaut und anschließend in die Seifenlauge getaucht wird?“, …

Literaturverzeichnis

[Ahr14] AHRBECK, Bernd: Die Herausforderung Inklusion. In: *Psychologie heute* (2014), April

[Bea15] *http://www.institut-beatenberg.ch*. letzter Zugriff 3.2.2015

[Ben11] BENNER, Tilo: *105 Spiele zur Förderung der Soft Skills - Kooperation und Teambildung*. Persen Verlag, 2011

[BH09] BONATI, Peter ; HADORN, Rudolf: *Matura- und andere selbstständige Arbeiten betreuen*. 2. hep Verlag, 2009

[Esc08] ESCHELMÜLLER, Michele: *Lerncoaching - Vom Wissensvermittler zum Lernbegleiter*. Mühlheim an der Ruhr : Verlag an der Ruhr, 2008

[ETH] *http://www.fachdidaktik.physik.ethz.ch/education/AbgeschlosseneArbeiten/AbgeschlosseneArbeiten/EKohlprathElastizitatKlimamodelle.pdf* letzter Zugriff am 24.10.2016

[Gen15] GENTE, Regina: *Beobachtungen zu Beratungssituationen*. Vortrag 2015

[Gen16] GENTE, Regina; Steiper, Jörg *Bouncing off - The Science of Squash*. Posterpräsentation auf dem nationalen Science on Stage Festival 2016, Berlin

[Hau14] HAUPT, Klaus-Peter: *Können Schüler forschen? - Förderung von Forschungsarbeiten im Regelunterricht und in Projekten*. Vortrag 2014

[Hau15] HAUPT, Klaus-Peter: *Coachen*. Vortrag 2015

[HH14] HAUPT, Klaus-Peter ; HOLFELD, Martin: Naturwissenschaftliche Forschungsclubs. In: BEILECKE, Francois (Hrsg.) ; MESSNER, Rudolf (Hrsg.) ; WESKAMP, Ralf (Hrsg.): *Wissenschaft inszenieren.* Verlag Julius Klinkhardt, 2014

[Jug] *www.jugend-forscht.de*

[Jug14] *http://www.jugend-forscht.de/uploads/media/Pressemitteilung_Jugend_forscht_-Ideenwettbewerb_2014.pdf.* letzter Zugriff am 5.1.2015

[Jug20] *https://www.jugend-forscht.de/stiftung-jugend-forscht-e-v/kampagne-schuelerforschungszentren.html.* letzter Zugriff am 12.8.2020

[Kra16] KRAMER, Martin: *107. Bundeskongress des MNU in Leipzig* Workshop 2015

[Lan06] LANGEFELDT, Hans-Peter: *Psychologie für die Schule.* 1. Beltz Verlag, 2006

[Lei15a] LEISEN, Josef: Lernaufgaben als Lernumgebung zur Steuerung von Lernprozessen. In: *http://www.josefleisen.de/* (letzter Zugriff 3.2.2015)

[Lei15b] *http://physikclub.de/informationen-uber-den-physikclub/leitlinien-unserer-arbeit/leitlinien-fur-mitarbeiter-und-berater.* letzter Zugriff am 10.1.2015

[Ler15] *http://www.lerndialoge.ch/.* letzter Zugriff am 17.1.2015

[Man06] MANDL, Heinz: Wissensaufbau aktiv gestalten. In: *Schüler - Wissen für Lehrer* (2006)

[mat14] MATHEMATIKLEHREN: *Forschendes Lernen.* Bd. 184. Friedrich Verlag, 2014

[ME] MESSNER, Rudolf ; ENGELKE, Heiko: Evaluation der Anbahnung naturwissenschaflich-technischer Studien im PhysikClub Kassel.

[Mes09] MESSNER, Rudolf: *Schule forscht.* Hamburg : edition Körber-Stiftung, 2009

[Mey11] MEYER, Hilbert: *Unterrichtsmethoden: II Praxisband*. 14. Cornelsen, 2011

[MIT] *http://www.k12videos.mit.edu/science-out-loud*. letzter Zugriff am 24.10.2016

[Rei13] REITINGER, Johannes: *Forschendes Lernen*. Kassel : Prolog-Verlag, 2013

[Rot76] ROTH, Heinrich: *Pädagogische Psychologie des Lehrens und Lernens*. 15. Auflage. Hermann Schroedel Verlag KG, 1976

[SFN] *www.physikclub.de*

[Sta14] *http://www.stadtelternbeirat-kassel.de/stadtelternbeirat/bildung.htm*. letzter Zugriff am 5.1.2015

13 Anhang

13.1 Orientierungsbogen, Teambogen, Anregung Projekttagebuch

Orientierungsbogen zur Projektfindung

Ich/wir möchte/n am SFN ein Projekt machen, weil ...

____
____
____

Falls du/ihr schon eine oder mehrere Ideen hast/habt, was du/ihr gerne machen möchtest/möchtet, beschreibe/beschreibt diese kurz!

____
____
____
____
____

Mich/uns interessieren die folgenden Bereiche:

- Biologie
- Chemie
- Physik
- Mathe
- Astronomie
- Technik
- ____________________
- ____________________

Mir/uns ist dabei wichtig, dass ...

- ... mit Experiment gearbeitet wird, es also etwas „zum Anfassen“ gibt.
- ... ich/wir theoretisch arbeite/n.
- ... ich/wir schnell erste Ergebnisse habe/n.
- ... an einem Wettbewerb, zum Beispiel „Jugend forscht“, teilnehmen kann/können.
- ... ich/wir mich/uns tief in ein für mich/uns neues Gebiet einarbeiten kann/können.
- ...
- ...
- ...
- ...

Falls du/ihr noch keine eigenen Ideen hast/habt:
Wirf/Werft einen Blick in die Projektliste! Welche der Projekte interessieren dich/euch?

____
____
____
____
____

Abbildung 13.1: Der Orientierungsbogen zur Projektfindung - Vorderseite

Nach der Besprechung mit einem Berater habe/n ich/wir uns für das folgende Projekt entschieden:

____

Notiere/Notiert kurz, weshalb es dieses Projekt wurde und weshalb die anderen ausgeschlossen wurden:

Abbildung 13.2: Der Orientierungsbogen zur Projektfindung - Rückseite

In meinem Team ...

... geht es mir gut, wenn

... klappt schon gut, dass

... würde ich es schön finden, wenn

Dazu kann ich beitragen, indem ich

Von meinen Teammitgliedern wünsche ich mir

Abbildung 13.3: Der Bogen zur Teamfindung

Anregungen für ein Projekttagebuch

Heute, am _________ haben wir

O uns Informationen beschafft
über ____
indem wir ____________________________________

O Gut geklappt hat ...
____
____
____
____
____

O Nicht so gut war ...
____
____
____
____
____

O an einem Experiment weitergearbeitet, indem wir ...
____
____
____
____

O Unsere wichtigsten Erkenntnisse und Ideen von heute:
____
____
____
____
____

O Daran können wir das nächste Mal weiterarbeiten:
____
____
____
____
____

Abbildung 13.4: Anregungen für ein Projekttagebuch

13.2 Kompetenzmatrix Frau Dr. Gräf

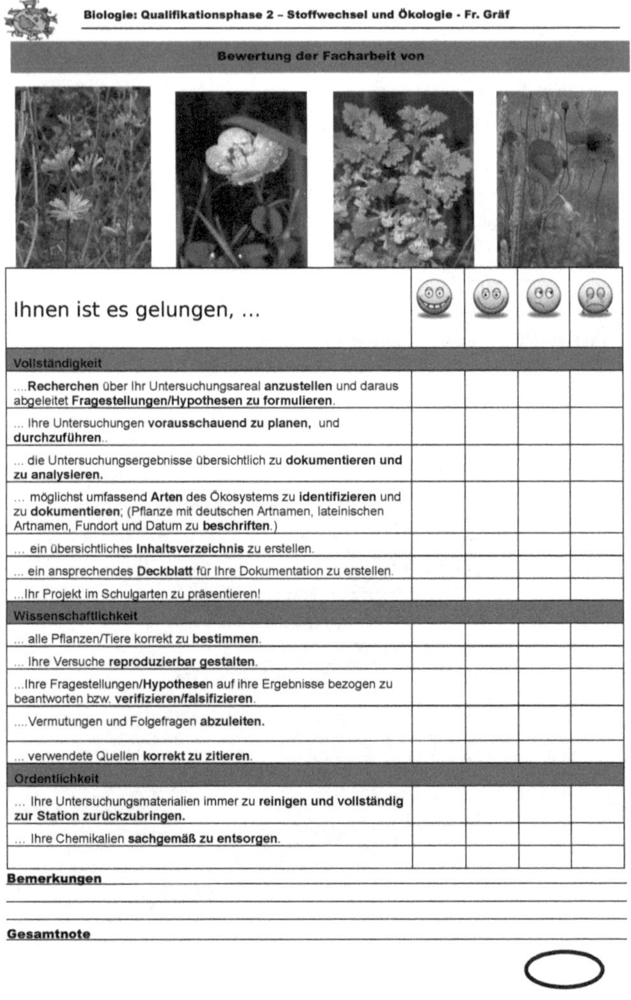

Biologie: Qualifikationsphase 2 – Stoffwechsel und Ökologie - Fr. Gräf

Bewertung der Facharbeit von

Ihnen ist es gelungen, ...				
Vollständigkeit				
....**Recherchen** über Ihr Untersuchungsareal **anzustellen** und daraus abgeleitet **Fragestellungen/Hypothesen zu formulieren**.				
... Ihre Untersuchungen **vorausschauend zu planen,** und **durchzuführen**..				
... die Untersuchungsergebnisse übersichtlich zu **dokumentieren und zu analysieren.**				
... möglichst umfassend **Arten** des Ökosystems zu **identifizieren** und zu **dokumentieren**; (Pflanze mit deutschen Artnamen, lateinischen Artnamen, Fundort und Datum zu **beschriften**.)				
... ein übersichtliches **Inhaltsverzeichnis** zu erstellen.				
... ein ansprechendes **Deckblatt** für Ihre Dokumentation zu erstellen.				
...Ihr Projekt im Schulgarten zu präsentieren!				
Wissenschaftlichkeit				
... alle Pflanzen/Tiere korrekt zu **bestimmen**.				
... Ihre Versuche **reproduzierbar gestalten**.				
...Ihre Fragestellungen/**Hypothesen** auf ihre Ergebnisse bezogen zu beantworten bzw. **verifizieren/falsifizieren**.				
....Vermutungen und Folgefragen **abzuleiten.**				
... verwendete Quellen **korrekt zu zitieren**.				
Ordentlichkeit				
... Ihre Untersuchungsmaterialien immer zu **reinigen und vollständig zur Station zurückzubringen.**				
... Ihre Chemikalien **sachgemäß zu entsorgen**.				

Bemerkungen

Gesamtnote

Abbildung 13.5: Kompetenzmatrix

13.3 Interviews der Berater in voller Länge

Mit R. werden die von der Autorin gestellten Fragen gekennzeichnet.

Interview 1

Studentischer Betreuer, B1

R: Was für Probleme und Schwierigkeiten hast du denn bei Teams beobachtet, die hier neu anfangen?

B1: Bei neu anfangenden Teams ... Kommt immer aufs Alter drauf an. **Bei den Jüngeren ist es meistens so, dass sie am Anfang doch sehr viel Anleitung brauchen**: „Mach mal das, mach mal das". **Bei Älteren ist es dann eher so, dass man sie vielleicht wieder auf den Boden zurückholen muss, weil sie am Anfang meistens zu überschwängliche Ideen haben, die sie in vier Wochen durchsetzen wollen, das aber eigentlich gar nicht geht**. Und man die dann so ein bisschen ausbremsen muss, dass man **sich kleine Zwischenziele** setzt etc. Gut, das ist bei den Kleinen auch so oder bei den Jüngeren. Wenn im KidsClub freies Forschen anfängt und die wollen dann einen humanoiden Roboter bauen, der auch noch sich bücken kann und irgendwas aufheben kann, das wollen sie in den drei Wochen bis Jufo machen. Dann muss man dann schon mal sagen, nee das wird nix.

R: Und wie bringt ihr sie darauf, dass das zu ambitioniert ist, was sie sich da ausgedacht haben?

B1: Ich habe dann immer versucht sie auf einen Teilaspekt erstmal zu lenken. So zum Beispiel hatte ich mal ein Team, das wollte einen Roboter bauen, der laufen konnte und sich über Solarenergie versorgt etc.. Dann habe ich gesagt, dann überlegt euch doch erstmal wie ihr die Stromversorgung überhaupt hinbekommt. Baut erstmal ein Ladegerät, womit ihr einen Akku laden könnt. Und das haben sie dann gemacht, mehr schlecht als recht, aber sie haben sich dann auf ein kleineres Ziel beschränkt. Und so versuche ich das eigentlich immer zu sagen: „Macht doch erstmal [unverständlich], splittet das ein bisschen auf, guckt euch mal 'nen Teilaspekt an, was ist denn hier so die größte Schwierigkeit erstmal und dann geht das erstmal an, bevor ihr jetzt sagt, ihr baut was weiß ich was Großes. Wo ihr noch gar nicht den Überblick habt, was da auf euch zukommt, welche Schwierigkeiten. "

R: Und kommt dann von den Teams irgendwann selber die Einsicht, dass sie sagen, naja das Ganze war eigentlich doch zu viel?

B1: Häufig. Wenn dann gesagt wird, ok, wir sitzen jetzt schon drei Wochen da dran drei Solarzellen zusammenzulöten, dann kommt dann „Das bis Jufo, das wäre echt happig geworden!". Dann schreiben wir das jetzt alles um, wir melden uns um auf xy-Projekt, ja und dann läuft das meistens. Aber dann gibt es auch andere, die wollen das dann partout durchziehen und die fahren dann halt leider vor die Wand. Da kann man dann auch nicht mehr viel machen. Wenn sie unbedingt wollen, dann sollen sie machen.

R: Und die, die gegen die Wand fahren, hören die auf und kommen die dann irgendwann wieder und wollen ein anderes Projekt?

B1: Teils, teils. Es gibt welche, die sagen, ja das war jetzt doof, wir haben uns da übernommen. Jetzt suchen wir uns erstmal was Leichteres oder wie gesagt 'nen kleineren Teilaspekt und andere sagen, das war jetzt so ein großer Misserfolg, ich geh dann. Aber das kann man ja auch so nicht verhindern. Selbst wenn die einen kleineren Teilaspekt erstmal beleuchten und damit gegen die Wand fahren, kann dir das genauso passieren. Dass die einen dann sagen, war Mist, wir versuchen es auf einem anderen Weg nochmal und die anderen schmeißen halt das Handtuch. Gut, jeder ist seines eigenen Glückes Schmied. Wenn er nicht will, dann will er halt nicht.

R: Wenn du jetzt bei einem Team feststellt, dass das gerade dabei ist, so richtig gegen die Wand zu laufen, wie gehst du damit um?

B1: Eigentlich versucht man dann schon so ein bisschen einzulenken. Dass man ihnen nicht sofort sagt, das ist absolut falsch, was ihr da macht oder damit fahrt ihr voll gegen die Wand. Also grade bei den Kleineren. Bei den Größeren kann man dann schon mal sagen, hör mal, das geht nicht. Das wird nicht hinhauen, wenn du die und die Faktoren bedenkst. Aber bei den Kleineren versuch ich dann so „Ja, guck doch mal hier", hier noch mal 'ne Quelle auftun oder da noch mal was bereitstellen, „Guck mal, ich hab das und das noch gefunden" oder „Wäre es nicht schön, wenn man sich das noch mal anguckt?". **Dann so versucht den Eisberg zu umschiffen. Und häufig funktioniert's, manchmal aber auch nicht. Wenn sie dann sagen, nein, wir wollen das aber so machen, dann machen sie's halt trotzdem so.**

R: Fällt dir ein Unterschied auf, ob Teams vorher im KidsClub mal gewesen sind?

B1: Ja, schon. Wir haben durchaus Leute, die im KidsClub eben durch das Kurssystem in alle Richtungen schon mal reingeschnuppert haben. Auch grundsätzlich das Arbeiten in den Naturwissenschaften schon mal so ein bisschen erlernt haben. Sei's in der Chemie, wie hält man jetzt ein Reagenzglas, was darf ich da machen, darf ich über den Tisch lecken oder nicht. Das merkt man schon. Und auch in den anderen Bereichen. Die sind dann auch versierter, was die haptischen Fähigkeiten angeht und so. Wäre so mein Eindruck. Aber es kann natürlich sein, dass jemand von außen in den JuniorClub kommt, der auch super ist. Aber da kennt man dann halt den Hintergrund nicht. Man kann ja auch den einen nicht mit sich selbst vergleichen. Entweder ist er im KidsClub oder nicht. Da kannste dann hinterher nicht sagen, wenn er im KidsClub gewesen wäre, wäre er jetzt viel besser gewesen. Oder er hätte halt schon vorher gesagt, das ist nichts für mich. Das kann ja auch beides passieren. Aber das soll der KidsClub ja auch eigentlich so ein bisschen machen, dass er den Kleinen schon zeigt so und so könnte man hier arbeiten, so sollte man hier arbeiten, ist das was für mich oder nicht.

R: Und hast du auch Beobachtungen gemacht, dass es Teams gibt, die hier mit den Freiheiten, die sie hier haben, erstmal nicht umgehen können?

B1: Das auf jeden Fall. Grade eben im KidsClub haben wir am Anfang – als wir den KidsClub gegründet haben – haben wir nur freies Forschen gehabt und da hatte jeder Betreuer so 5 bis 10 Teams und das ging voll in die Hose. Da haben wir dann auch nach 'nem Dreivierteljahr oder nach 'nem Jahr gesagt, das können wir so nicht weitermachen. Weil die dann eben noch nicht – die sind Grundschule, **die sind gewöhnt, dass sie Befehle bekommen, dass sie nach Schema F „Wie habe ich was zu machen" und der Lehrer gibt den nächsten Input, was als nächstes getan werden muss.** Und freies Arbeiten ist da eben noch nicht vorhanden. Die brauchen einfach noch die Anleitung. Deswegen sind wir dann auf das Kurssystem übergegangen, wo man halt schon in größeren Abständen immer noch Anweisungen gibt, die aber schon viel selber machen dürfen. Und sie dann halt so ein bisschen loslässt, bzw. wenn man dann eine Kursrunde mit denen gemacht hat, dass man dann sagt, ihr könnt jetzt auch ins freie Forschen gehen und das zwar so'n bisschen unter Anleitung euer eigenes Thema, eure eigene Idee zu verfolgen. **Wobei das, wenn jemand ohne KidsClub-Erfahrung hierherkommt, hab ich auch so**

die Erfahrung gemacht, dass die auch eher darauf warten, gesagt zu bekommen, was sie hier als nächstes machen sollen. Und am Anfang kann man das ja noch machen, so hier jetzt setzt euch mal hin und recherchiert mal, da und da gibt es noch 'ne Seite, aber so nach 4,6,8 Wochen sollte man sich dann schon so langsam zurückziehen und dann auch mal fordern, dass sie halt von selber was machen. Da am Anfang, wenn sie reinkommen so ein bisschen anstupsen, dass sie jetzt endlich anfangen, aber dann zwischendurch immer noch mal gucken, fragen, wie läuft's, kann ich euch helfen und nicht nur so danebensitzen und jetzt klick doch mal dadrauf und jetzt guck dir mal das an und jetzt feilst du das zurecht, sondern dann auch zu sagen, wenn ihr hier mitmachen wollt, dann müsst ihr so ein bisschen Eigeninitiative mitbringen. Wir machen hier keine 1 zu 1 Betreuung. Das geht halt nicht. Und das sollen sie dann halt auch in den ScienceClub übernehmen.

R: Wenn du deine Rolle als Coach beschreiben würdest, was sind da Punkte, wo du Wert drauf legst?

B1: Ich lege auf jeden Fall großen Wert darauf, auf gegenseitigen Respekt, dass klar ist, das wir auch, wenn wir hier eher so 'ne Kumpelatmosphäre haben, dass schon klar ist, wenn wir 'ne Anweisung geben, die sicherheitsrelevant ist, oder die gegen Mobbing oder was auch immer geht, dass das dann 'ne klare Hierarchie ist. Dass wir immer noch, theoretisch gesehen, über den Schülern stehn, was das angeht, aber ansonsten, wenn man sich so unterhält, ist es halt eher auf Freundschaftsbasis bzw. kumpelmäßig. Dass man sich halt auch duzt, ist auch sehr förderlich dabei, was übrigens vielen Schülern auch schwer fällt am Anfang. Dann den Vorgesetzten quasi zu duzen. Ansonsten, was ist mir noch wichtig? Wenn ich Probleme mit Teams habe, dass ich die quasi erstmal auf einem anderen Betreuer abladen kann, was immer funktioniert. Dass man sagen kann, ich komme mit denen nicht klar, lass uns doch mal tauschen. Das klappt häufig oder es klappt halt dann auch nicht, aber die Zusammenarbeit im Team ist auch ziemlich gut und wichtig. Grade das auch untereinander eher freundschaftlich Verstehen und nicht, das ist jetzt mein Vorgesetzter, das ist jetzt mein Mitarbeiter und der ist mir unterlegen. Ist halt alles mehr oder weniger eine Ebene. Klar gibt es einen, der sagen muss, wo es langgeht an gewissen Punkten oder wo es eben nicht langgeht. Aber so zwischendrin ist es,wenn man das dann geklärt hat, immer freundschaftlich. Man kann ja immer mit allen irgendwie reden und Argumente für oder dagegen einbringen. Das finde ich eigentlich ziemlich schön hier. Dass es sehr offen ist.

R: Hast du Beobachtungen gemacht, ob sich die Teamfähigkeit der Teams mit zunehmendem Alter verändert?

B1: Das ist jetzt schwierig.

R: Wenn wir jetzt die Kleinen nehmen, dann 8., 9. Klasse und die Oberstufe im Vergleich.

B1: Ich denke schon. **Grade im KidsClub so in den Programmierkursen, die ich mache, beobachte ich das häufiger, dass die sich nicht gegenseitig unbedingt helfen, sondern so'n Wettbewerbsgedanke immer noch da ist.** Das finde ich ja einerseits schön, dass sie versuchen sich gegenseitig zu überbieten und schönere Lösungen zu finden. Aber andererseits, wenn dann einer 'ne Frage hat und dann seinen Nebenmann fragt, dann kommt „nicht abschreiben“ und „Das ist meine Idee! “ und „Geh weg“. Das ist dann später nicht mehr so. Wenn man dann hinkommt und sagt „Ey hier, ich hab ein Problem mit xy, du hast das ja schon mal gemacht, und kannst du mir da weiterhelfen?“ Das geht dann häufig besser. Und auch so in den Kleingruppen ist ja die Teamarbeit meistens am größten oder in den Teams, weil die müssen ja zusammenarbeiten können. Und das funktioniert ja auch meistens. **Und ja, ScienceClub, da ist Teamarbeit ganz groß. Häufig geht es ja auch gar nicht alleine. Wenn da im Team gegeneinander gearbeitet wird, dann führt das ja nicht zu einem Erfolg.** Und bei den Mittleren da bildet sich das dann halt grade aus. Dass man schon mal nach links und rechts guckt und sagt „Hier, ey cool, was machst du denn? Kannst du mir mal helfen?“ Das wird da schon eher angenommen. Und dass man dann eben nicht immer nur den Betreuer fragen muss, dann kann man auch mal am Nebentisch fragen. Wenn die vielleicht ein ähnliches Thema haben oder auch eben nicht. Der eine kann toll Mathe und der andere eben nicht und dann fragt er mal kurz „Wie würdest du das lösen?“. Das geht. Ich denke, das steigert sich, die Teamfähigkeit. Von KidsClub über JuniorClub zu ScienceClub.

R: Andere Betreuer hatten mir auch Beobachtungen beschrieben, dass innerhalb der Teams eben so „pubertäre Quereln“ auch auftreten würden . . .

B1: Ja, wahrscheinlich schon. Ich achte da nie so drauf, weil es mir hauptsächlich dadrum geht, dass die irgendwie schon an ihrem Thema arbeiten und wenn sie dann zwischendurch mal Blödsinn machen, dann ist es halt mal so. Es sind ja immer noch Jugendliche unter 18 Jahren. Die sind halt von Kind auf im Erwachsenwerden grade und wenn sie dann mal ne Viertelstunde Mist machen, dann machen sie das halt. Dafür sind wir halt keine Schule. Sondern dann arbeiten sie vielleicht auch länger und intensiver an ihrem Projekt als wenn sie gesagt kriegen „nein, du darfst jetzt nicht von deinem Platz aufstehen“ und hormonelle Sachen, ja Gott, ist halt so ne. Wenn die Jungs dann mal links und rechts gucken, weil ein Mädchen vorbeiläuft.

R: Du hast jetzt aber nicht beobachtet, dass sie sich intern mit solchen Sachen gegeneinander abarbeiten?

B1: Nee, das habe ich bis jetzt so noch nicht beobachtet. Ist mir jedenfalls nicht negativ aufgefallen. Dann hätte ich wahrscheinlich schon mal interveniert.

Interview 2

Lehrer, B2

R: Was mich interessieren würde, ist, welche Schwierigkeiten treten bei Teams auf, gerade wenn sie neu anfangen und nicht viel Erfahrung im Forschen haben.

B2: Die Teams haben im Prinzip dasselbe Problem wie ich auch hauptsächlich, denke ich, nämlich, dass man es einfach nicht gewohnt ist, dieses freie Forschen. Dass man in ganz anderen Kategorien drinsteckt und eigentlich immer vorgesetzt kriegt, das und das mach und dann kommt was raus und das ist entweder richtig oder nicht. Und dieses Selbstentwickeln, dieses Verantwortung übernehmen auch für das Projekt, für die Arbeit, das sind Schüler überhaupt nicht gewohnt und mir geht's im Prinzip genauso. Wenn ich danebensitze und die haben irgendwie keine Idee, dann fällt mir das auch relativ schwer da Ideen zu entwickeln, weil ich das selber halt auch nie erfahren habe, dieses freie Forschen, dieses freie Lernen. An der Schule kam der Lehrer mit seinem Tisch reingefahren, es hat alles funktioniert. An der Uni standen die Versuche schon fertig aufgebaut, man hat sich hingesetzt, gemessen, ist nach Hause gegangen und hat es ausgewertet und so. Deswegen, ich musste auch nie kreativ sein in der Richtung. Ich glaube, das ist auch das Hauptproblem, das die Schüler haben. **Weil um das von vornherein zu können, muss man unheimlich viel Selbstvertrauen haben in die eigenen Fähigkeiten oder so ein bisschen eine „scheißegal-**

Einstellung", also ich versuch's einfach mal und gucke was rauskommt. Und auch den Mut zu haben, wenn's nicht funktioniert, ist es auch gut. Auch das fehlt vielen von den Schülern. Auch ein Versagen zulassen. Viele wollen dann einfach, dass man ihnen das sagt, was richtig ist und wo was bei rauskommt. Das steht ja genau diesem freien Forschen entgegen. Also ich denke, das ist eine Gewöhnungssache und eine Grundeinstellung, die am Anfang erstmal aufgebrochen werden muss. Es gibt halt ein paar Leute, das sind dann aber auch die Überflieger und Koriphäen, die von sich aus sagen und einfach anfangen, weil die auch einfach zu Hause schon rumgebastelt haben, selber programmiert haben und so. Einfach für sich selber schon geforscht haben und dann das mitbringen und übersetzen können. Und bei den „Otto-normal-Schülern" würde ich das halt als die größte Schwierigkeit erstmal ansehen.

R: Und wenn du jetzt ein Team hast, das genau diese Probleme hat, wie kann man dem begegnen?

B2: Das ist halt sehr schwierig, weil wie gesagt, ich habe dieselben Probleme. Ich versuche sie dann halt zu ermuntern auch mal andere Meinungen immer einzuholen und sich selber 'ne Meinung zu bilden, irgendwas in der Richtung. **Möglichst nicht zu viel vorgeben, wenn ich 'ne eigene Meinung habe, sondern das auch als meine Meinung abzugrenzen und zu sagen „Ich könnte mir vorstellen so und so ist es, ich weiß es aber nicht so genau, macht euch mal selber Gedanken, fragt mal wen anders" und sie halt wirklich in diesen Denk- und Entwicklungsprozess so'n bisschen reinzukriegen.** So richtig systematisch habe ich aber auch keine wirkliche Lösungsstrategie. Ich versuche halt das von Fall zu Fall irgendwie so reinzukriegen, ist aber sehr schwierig. Wie gesagt, weil ich halt selber teilweise so, weiß auch nicht so genau, was man hier machen soll. Dann geht's da auch nicht weiter an der Stelle. Weil bei mir in der Jugend halt genau diese Geschichte gefehlt hat.

R: Aber ist das für die Teams dann nicht auch entlastend, wenn sie sehen, dass der Betreuer nicht weiß, wie's weitergeht?

B2: Das hoffe ich. Ich will da auf keinen Fall so tun als wüsste ich, wie's weitergeht, wenn ich es nicht weiß. Das macht man in der Schule schon oft genug. Das brauch ich hier nicht auch noch. Ich sag dann auch ganz offen, keine Ahnung. Grade wenn's in Richtung Programmieren geht, wo ich wirklich keine Ahnung hab, dann sag ich das auch ganz klar und sag dann, geht mal zu dem und dem hin. Grade diese Vielfältigkeit von Einflüssen, die Schüler dann hier haben, die versuche ich denen auch deutlich zu machen und hoffe dann einfach drauf, dass sie die annehmen und für sich dann halt im konstruktivistischen Sinne ein Bild erstellen von dem, was sie eigentlich vorhaben, wo's hingehen könnte. Klappt mal, mal nicht. Das ist halt ganz unterschiedlich.

R: Und wie reagieren die Teams darauf, wenn sie erfahren, dass du nicht sofort eine Idee hast, wie es weitergehen kann?

B2: Sie sind auf jeden Fall nicht irgendwie negativ. Nehmen das hin und wundern sich teilweise, hatte ich so den Eindruck. Gucken dann so'n bisschen mmh, der ist doch Lehrer, man ist ja von Lehrern gewohnt, dass die alles wissen. Aber im Prinzip gehen die da ganz locker mit um. Manchmal ist das dann tatsächlich so'n Anstoß zu sagen, ok, dann beschäftige ich mich mal mit und gucke mal mit. Manchmal aber auch nicht. Dann gehen sie halt zu wem anders und fragen, kannst du uns sagen, wie's hier weitergeht. Ist halt auch wieder individuell von den einzelnen Personen abhängig. Wie das ja häufig bei solchen Sachen der Fall ist.

R: Merkst du einen Unterschied zu Teilnehmern, die vorher im Kids-Club waren?

B2: Das kann ich gar nicht so genau sagen, weil ich das gar nicht so genau weiß, wer vorher wo war. Da frage ich auch gar nicht nach. Eigentlich interessiert mich die Vorgeschichte da relativ wenig. Insofern kann ich das schlecht beurteilen.

Interview 3

Studentischer Betreuer B3

R: Welche Schwierigkeiten hast du denn beobachtet, bei Teams, die neu anfangen?

B3: Das ist schwer zu fassen, weil es sehr, sehr unterschiedliche Teams sind. **Du hast Leute, die schon vollkommen feste Erwartungen haben und die man irgendwie davon abbringen muss, den Fluxkompensator zu bauen.** Man erzählt denen einen Monat lang einfach nur, das wird nichts. Das ist zu viel, du überforderst dich, das wird alles nicht funktionieren und irgendwann merken sie es dann und besinnen sich tatsächlich darauf, weil sie halt nicht scheitern wollten. **Andere gibt es, die tatsächlich schon ziemlich selbstständig arbeiten können, wo man relativ wenig machen kann, wo man wenig zu tun hat und die Aufgabe, die man dann hätte, wäre das quasi in stärker organisierte Bahnen zu lenken, weil es halt alles noch ziemlich chaotisch ist, weil es das erste Projekt ist, was die Leute machen.** Und das lassen sie dann häufig nicht zu, sondern sie wollen sich erstmal ausprobieren und so. Das muss man dann auch werten, ob das so ok ist, oder ob das tatsächlich besser wäre, so wie man sich das selber vorstellt. Das ist auch ganz unterschiedlich. Das ist ganz schwer, das zu verallgemeinern und mir kommen jetzt Einzelfälle in den Sinn, die alle sehr unterschiedlich gelaufen sind und es gibt ganz viele einzelne Geschichten, die man erzählen kann. **Mal sind das strategische Fehler, mal sind das Fehler mit der Teamzusammensetzung.** Einen Fall hatte ich, wo drei Jugendfreunde zusammengearbeitet haben, die sich kennen seit sie 8 sind, und die immer noch beste Freunde sind und irgendwann so zwei Tage vor Abgabe der Jugend forscht Arbeit, habe ich sie dann doch mal gedrängt miteinander zu telefonieren und dann stellte sich heraus, sie haben überhaupt nicht die Telefonnummern voneinander. Weil sie halt nicht telefonieren, sondern sie schicken halt irgendwelche Texte und der eine war halt per Text nicht zu erreichen und dann waren vier Stunden auf einmal 'ne relativ lange Zeit. **Sie waren vorher noch nie in der Situation und dann muss man da auf einmal quasi so Verwaltungsassistenz machen und irgendwie dafür sorgen, dass die ihr Adressbuch führen.** Das sind völlig neue Unwägbarkeiten, die man da jedes Mal hat.

R: Wenn wir jetzt den Fall betrachten, wo jemand sich ein unerreichbares Ziel setzt, wie kann man denn da von außen als Coach sinnvoll eingreifen?

B3: Normalerweise zu Beginn des Schuljahres … Im letzten Schuljahr da hatten wir was, das war klasse, da wollten die Leute einen Quadrukopter bauen mit Gesichtserkennung drin. **Das war fantastisch, weil wir denen relativ leicht zeigen konnten, dass so ein Quadrukopter ein klasse Projekt ist und dass Gesichtserkennung auch ein klasse Projekt ist, dass das aber nicht zwangsläufig was miteinander zu tun hat.** Das haben sie irgendwann eingesehen und sich auf eins von den beiden beschränkt und wie das dann weiterverlaufen ist, weiß ich nicht. Aber da haben wir es halt einfach so gemacht, dass wir ihnen immer ein bisschen erklärt haben, was dahinter stecken würde, wenn man das akademisch richtig angehen würde und wenn man das wirklich korrekt durchziehen würde und dann haben wir sie ein bisschen erzählen lassen, was sie sich darunter vorstellen. Dann bekamen sie halt einen immer besseren Eindruck davon, was es jetzt bedeutet, das tatsächlich umzusetzen. Und solche Ziele sind ja meistens nicht vernünftig gesteckt, sondern eher so diese Traumvorstellung, der man hinterherläuft, die man auch braucht, weil man sonst nicht motiviert ist und ich glaube, das funktioniert ganz gut, wenn man diese Enttäuschung an den Anfang packt. **Das heißt in dem Moment, wo man das Format seines Projektes einschätzen kann und wo man so'n Gefühl bekommt für die Komplexität als Betreuer, da kann man dann relativ schnell sagen, ok, so wird das nichts, aber wenn du hier anfängst ist das im besten Fall der erste Schritt zur Verwirklichung deines Traums und im schlimmsten Fall ist es schon was, was für sich alleine stehen kann.** Und das ist was, was ich in letzter Zeit relativ häufig mache. Dass ich die Leute dann zu solchen schrittweisen Herangehensweisen bewege und dann mit ihnen was erarbeite, **wo das Projekt dann auf einmal so strukturiert ist, dass sie schon ganz zufrieden sind, wenn einzelne Schritte funktionieren.**

R: Gibst du ihnen die Schritte vor oder lässt du sie die selber finden?

B3: Unterschiedlich. Teilweise ist es einfach so, dass die den Erfahrungshintergrund nicht haben. Ich hab's zwar auch noch nicht gemacht, aber ich kann einschätzen, was es bedeutet, eine Echtzeitflugregelung für so einen Quadrukopter zu bauen.

Und ich kann einschätzen, dass man sich da hinsetzen muss und sehr viel Mathe machen muss und programmieren und dass man das sehr genau verstehen muss. Und es ist häufig so, dass die Teilnehmer da kein rechtes Gefühl für haben. Ich nenn das immer so ein bisschen überheblich „ästhetische Bildung“, dass man halt ein Gefühl dafür kriegt, was hinter etwas steckt und was man tun muss, damit man es sachgerecht bearbeitet. Wenn dieses Gefühl da ist, dann entwickele ich das auch problemlos mit den Teilnehmern. Das ist dann meistens auf etwas niedrigeren Ebenen, wo es nicht um die komplette Strategie dieses Projektes geht, sondern wo es um kleinere Sachen geht. Das kann man auch relativ problemlos mit den Teilnehmern selbst machen. Also dass man dann zum Beispiel bei einem anderen Drohnenprojekt – Drohnen sind im Moment der große Renner, der Hammer – da war es, das sollte eine senkrecht startende Streckenflugdrohne werden, wie diese Amazonlieferdrohne. Die im Garten starten soll und dann aber so 50km fliegen soll. Und da war die Frage, ist das jetzt ein Hubschrauber mit Tragflächen und wir schalten die einen Rotoren ab und die anderen an oder haben wir nur ein Set von Rotoren und kippen wir das ganze Ding. Und diese Leute hatten, ich glaube über ihre Väter, alle Modellbauerfahrung. Die konnten also einschätzen, was es bedeutet, doppelt so viele Motoren auf so einem Ding drauf zu bauen und fanden’s dann im Zweifelsfall doch leichter um 90 Grad zu kippen. Und da kommt es dann eher drauf an, dass man das Thema aufwirft, weil die Teilnehmer dann häufig gleich in medias res gehen und sich mit dem „Wie“ beschäftigen, statt den Schritt zurückzutreten und zu sagen, wie wollen wir das jetzt. Und das ist was, was ich mit solchen Teams sehr häufig mache.

R: Ist dir was aufgefallen, ob sich die Teamfähgkeit mit dem Alter der Schüler verändert?

B3: Völlig individuell und völlig schlagartig. Also, das ist so ein Verpuppungsvorgang. Das kann innerhalb von Monaten gehen. Cool, das ist jetzt das dritte Mal, dass ich mich auf dieses Projekt berufe. Der eine davon, der hat sich so daneben benommen, dass er zwischendurch tatsächlich um sich zu produzieren und um irgendwelchen Vorstellungen von Ruhm hinterherzulaufen, dass er versucht hat dieses ganze Projekt zu sabotieren und wirklich versucht hat das SFN zu sabotieren und wir waren kurz davor den rauszuwerfen. Ich weiß noch, ich habe mich sehr dafür ausgesprochen ihn rauszuwerfen, weil er sich halt ein paar Sachen geleistet hat, die man sich wirklich nicht leisten kann. Er hatte halt noch nie so einen Schuss vor den Bug bekommen und ich hatte das Gefühl, es würde jetzt Zeit. Und wenige Monate später war der auf einmal wahnsinnig produktiv und fing dann an ein hervorragender Teamspieler zu sein und machte Dinge, fing selber Dinge an, anstatt andere kaputt zu machen und ist jetzt Betreuer im KidsClub oder im JuniorClub.

R: Weißt du, wie alt der damals war, welche Klassenstufe das war?

B3: Nicht genau, aber ich glaube, er war 17, 18. Und das ging da innerhalb von Monaten. Ich hab ihn gesehen und dann habe ich ihn wiedergesehen und dann war er ein vollkommen anderer Typ. Solche Fälle haben wir immer wieder. Da gibt es sicherlich Parallelen. Es sind aber auch relativ viele Leute, die zu uns kommen, die mit 14,15 in der Hinsicht völlig fertig entwickelt sind. Die du einfach so in ein Büro oder in eine Arbeitsgruppe setzen könntest, die würden da perfekt funktionieren. Das ist relativ häufig der Fall.

R: Was ist dir denn aufgefallen bezüglich Teams, die mit den Freiheiten, die sie hier geboten bekommen, nicht umgehen können?

B3: Ich habe relativ wenig mit den Junioren zu tun. Da würdest du wahrscheinlich mehr Geschichten erzählt bekommen. Ich überlege gerade ... Nee, ich habe da gerade kein Gesicht vor Augen.

R: Du kümmerst dich hauptsächlich um den ScienceClub

B3: Ja.

R: Und im ScienceClub, tritt es da auch noch auf, dass die Schüler nicht gewohnt sind, dass sie selbstständig arbeiten müssen, dass sie frei arbeiten? Dass kein Ziel direkt definiert ist, dass sie unterwegs nicht immer wissen, was richtig und was falsch ist?

B3: Ja, also es gibt da Leute, ich sprech' das halt an, wenn es allzu drastisch ist und sage dann ja, kannst du so machen, aber du wirst damit scheitern. Und das sage ich dann ziemlich frei heraus, also ich halte damit absichtlich nicht hinter den Berg, sondern sage ziemlich frei heraus meine Einschätzung, um die einfach damit zu konfrontieren, um dieses Gespräch in Gang zu bringen. Und die meisten wollen sich dann natürlich verteidigen oder sie sind interessiert und hören zu. Das sind so die beiden Möglichkeiten im Wesentlichen. Und es sind wenige, die dafür überhaupt nicht zugänglich sind. Und das heißt, man hat dann relativ schnell 'ne Diskussion quasi über Leben und Tod dieses Projektes im Gange. Wo man dann, von meiner Seite her ist das nicht emotional, aber es ist natürlich so, dass ich damit einen wunden Punkt treffe. Da muss man ziemlich aufpassen. In dem Alter, wo ich mit den Leuten rede, geht das meistens, über sowas zu sprechen. Und, ja, also es gibt einige, die dann darauf hören und sagen, ok, was wenn wir das so machen und dann kommt man auf 'ne kleine

Anpassung und mit dieser kleinen Kursänderung funktioniert es dann. Und es gibt auch einige Leute, die dann einfach sagen, mmh, naja, und machen weiter. Das finde ich dann auch ok. Also es gibt einen Fall, mit dem habe ich letzte Woche dieses Gespräch geführt. Der will jetzt zwei Jugend forscht Projekte machen. Nee, er will zwei Projekte machen und mit einem davon zu Jugend forscht und mit dem anderen nächstes Jahr zu Jugend forscht und ich hab ihm gesagt, kannst du machen, aber du wirst dann mit beiden scheitern, statt dass du eins erfolgreich hinkriegst, weil du dich verzetteln wirst und das war bei dir schon immer so, dass du dich verzettelt hast und dass du immer den Weg des geringeren Widerstandes gesucht hast statt dich durch ein Problem durchzubeißen und der macht das jetzt aber so, so weit ich weiß und das finde ich in Ordnung, weil ich darin ja keine Aktien habe, ich habe ja kein Interesse daran, dass er 'nen guten Wettbewerbserfolg hat, ich hab ein Interesse daran, dass er diese Erfahrung macht. Und wenn er diese Erfahrung nach seinem Gusto macht, dann sucht er sich wahrscheinlich auch gerade die Erfahrung aus, die er braucht. Das wäre jetzt zynisch, wenn man das nach dem Projekterfolg beurteilen würde, aber ich glaube, das ist einer der zentralen Werte hier, dass man tatsächlich ungestraft scheitern kann, weil es ja am Ende im Grunde egal ist, ob das Projekt nun funktioniert oder nicht.

R: Sehen das denn die Schüler genauso?

B3: Teilweise ja. Also einige sehen das als eine Spielwiese, wo sie sich ausprobieren und sie sind dann paradoxerweise nicht weniger motiviert, sondern sie sagen, ok ich probier es jetzt mal, an meine Grenzen zu gehen und wenn es dann nicht funktioniert, dann lag es halt nicht an mir, sondern dann war das eben so. Das ist auch anders als im Schulunterricht, wo es ja meistens auf verschiedene Arten anders läuft. Und es gibt halt auch die, die wirklich emotional investiert sind in so ein Projekt, die das dann wurmt, wenn es nicht funktioniert. Und mit denen ist man dann häufiger eher auf einer Ebene, wo man über das Projekt reden kann, aber auch nicht immer.

R: Und fordern die Teams von dir zwischendurch eine Rückmeldung, ob sie „auf dem richtigen Weg“ sind? Weil sie es aus der Schule ja gewöhnt sind, dass immer eine richtig/falsch-Bewertung von außen kommt?

B3: Das ist eine gute Frage. Ich glaube in strategischer Hinsicht nicht. Also in fachlicher Hinsicht ja. Also, da ist es natürlich, das ist ja das Glück bei diesen ganzen MINT-Fächern, dass es offensichtlich ist, wenn was totaler Quark ist, weil es ist dann falsch oder stürzt ab oder Programm stürzt ab, Drohne stürzt ab, oder es funktioniert nicht und es ist dann offensichtlich. Wohingegen es dann bei diesen strategischen Sachen nicht so offensichtlich ist, sondern das funktioniert halt bloß immer noch nicht. Und es ist nicht offensichtlich, ob das jetzt Pech ist oder ob man es sich falsch angelegt hat. Das wird zumindest nicht so eingefordert, hab ich das Gefühl. Das ist eine spannende Frage. Ich weiß es jetzt auch nicht genau. Ich hab immer das Gefühl, dass dieser Gesprächsfluss ziemlich natürlich ist, das ist so ein natürliches Reden über den Arbeitsfortschritt oder so. Quasi über das, was einen gerade im Kopf bewegt, gerade beschäftigt. Das ist relativ ungezwungen und anders rum ist es auch so, dass ich dieses Gespräch natürlich relativ häufig suche oder ich frage dann auf jeden Fall „Was macht ihr jetzt? Zeigt noch mal eure Schaltung!“ Ich sag dann meistens hinterher, ich habe das selber noch nicht ganz begriffen und das ist meistens nicht gelogen und ich will's natürlich einfach begreifen. Durch solche Sachen entstehen ziemlich natürliche Gesprächssituationen, zumindest fühlen die sich für mich natürlich an. Ich weiß nicht, wie das aus Teilnehmersicht ist, ich … Das ist eine gute Frage.

R: Hast du was beobachtet, dass Teams sich selber Kriterien setzen um daran zu messen, ob sie jetzt erfolgreich für sich arbeiten?

B3: Nicht explizit. Und vor allem nicht hinsichtlich dieser Softskills, **sondern es ist schon so, dass die Leute sich dann irgendeinen Plan machen und Meilensteine setzen, was den fachlichen Fortschritt angeht und da sieht man dann auch meistens elaborierte Zeitpläne.** Spätestens, wenn es dann auf solche Wettbewerbe zugeht. Das machen dann auch viele Teams, ohne dass man von außen hilft. Das ist ganz erstaunlich. Das scheint irgendwie so ein etablierter Gedanke zu sein, dass man das dann so macht. Aber wenige Teams machen das auf dieser Ebene von Arbeitsfähigkeit oder von Handlungsfähigkeit. **Ganz wenige schreiben auf, wie viele Stunden sie investiert haben oder so saubere Laborbücher, wo auch bloß die Beschäftigung mit etwas drinsteht oder so was, das sieht man eher selten. Es ist tatsächlich dieses ganz Old-School „Wie viele Punkte auf meiner ToDo-Liste habe ich jetzt schon durchgestrichen?“**

Interview 4

Lehrer, B4

R: Was für Schwierigkeiten sind dir denn bei Teams aufgefallen, wenn die hier neu anfangen?

B4: Viele Teams haben in der Regel schon gewisse Schwierigkeiten überhaupt erstmal was selber machen zu dürfen. Sie sind es einfach nicht gewohnt, selbst Entscheidungen zu treffen. Das merk ich immer wieder, wenn sie fragen, ja konkret, „Wie soll ich denn jetzt anfangen?“, „Was soll ich denn jetzt machen?“ und ich dann meistens sage: „Das weiß ich nicht, das ist doch euer Projekt“ und 'ne gewisse Hilflosigkeit erst mal und ist auch verständlich, weil die so was ja selten vielleicht gerade im Bereich Schule sehr selten, dass sie was ganz frei tun dürfen und nur Unterstützung von uns dafür kriegen. Das ist oft am Anfang, manchmal ist das ein bisschen mühsam, weil manche Teams lernen das sehr schnell und merken, hier muss ich fragen, hier muss ich selber recherchieren, hier muss ich mir Unterstützung holen und manche Teams erwarten sehr sehr lange, auch noch ja gerade, wenn sie vielleicht in jüngeren Jahren schon angefangen haben und dann hier langsam etwas älter werden, erwarten dann immer noch, dass ihnen jemand sagt, wie ihr Projekt zu machen ist und wie nicht. Das ist manchmal schon auffällig wie sehr manche ... Aber wenn's um den Anfang geht, das tritt also recht häufig auf.

Andere Schwierigkeiten sind natürlich, sind wir immer sehr gefragt mit der Projektberatung. Dass die Teams noch ganz schlecht einschätzen können, welchen Schwierigkeitsgrad die in einem Projekt erwartet. Und das wissen wir ja oft selber auch nicht genau. Aber ganz oft kommen Teams mit Vorstellungen von Projekten, die sehr weit von dem entfernt ist, von dem, was nötig ist um in dem Projekt halbwegs erfolgreich zu sein. Also so'n Beispiel ist, wenn das Team kommt, wir hatten eins mal von 8. oder 9. Klässlern, die irgendeine senkrecht startende Drohne bauen wollten und die mit allen möglichen Dingen noch ausstatten wollten und die zwar einiges Handwerkliches oder Gebasteltes zu Stande gebracht haben, aber überhaupt nicht verstanden haben, welche Herausforderungen da wirklich auf sie warten, wenn man so etwas steuern will, den Flugkörper in der Luft zu halten, was da alles dranhängt und das finde ich manchmal ein bisschen schade, wenn die dann erst mal nach einem Jahr oder noch länger dann merken, dass sie mit ihrem Projekt eigentlich überhaupt nicht zu Rande kommen. Und dann entweder, wenn es ganz schlecht läuft, frustriert abbrechen und dann gar nicht wiederkommen oder dann erst merken, dass sie eigentlich ein anderes Projekt brauchen, in dem sie nicht ganz so – gewisse Überforderung ist ja ganz gut – aber nicht ganz so nach den Sternen greifen oder halt Fähigkeiten brauchen, die sie meistens erst deutlich später dann auch erwerben. Das finde ich manchmal ein bisschen schwierig oder manchmal ein bisschen frustrierend. **Es ist natürlich auch ein Lernprozess zu merken „ich habe selber gemerkt, dass das zu schwer ist“, ist ja auch nochmal ’ne Qualität, aber manchmal dauert es eben zu lange, da könnte man als Berater schon eher sagen, guckt mal vielleicht, aber es ist ja nur eine Beratung. Die entscheiden sich ja dann trotzdem, an dem Projekt weiterzumachen und vielleicht auch dann zu scheitern.**

R: Wie kannst du denn da bei den beiden Punkten, die du genannt hast, durch Coaching eingreifen und das Team sinnvoll lenken?

B4: Naja, klar, also bei den Arbeitsweisen, das ist ein Dauererziehungsziel mit der Selbstständigkeit und auch zu sagen „überlegt doch mal selber“ oder „ich könnte jetzt dazu was sagen, aber recherchier doch mal“ oder „ich weiß es auch nicht“, einfach mal den Ball zurückgeben und dabei bleiben, das überlegt mal selber oder fragt mal jemand andern, schlagt mal nach oder so was. Ich ertapp mich ja dann auch dabei, dass ich eigene Vorstellungen hab, wie ich das machen würde und die dem Team sehr schnell nahelege und denke, so würde ich das machen und vielleicht die Erwartung habe, dass es das Team auch tut, was natürlich Quatsch ist. Das heißt also erstmal das so aushalten, dass das Team noch nicht weiß, was es will und dann ganz gezielt Tipps geben, wie man so was überwindet. Fragt doch mal jemand andern oder guckt mal nach, ob es da nicht schon eine Anwendung oder Lösung für gibt. Recherchiert doch erstmal selber und dann sprechen wir noch mal drüber. **Ich glaub, die Kunst ist für mich allgemein bei der ganzen Arbeit hier, dass man punktuell sehr konkrete Hilfen, manchmal auch einen kleinen Schubs „probier das doch mal“ oder „guck doch mal da“ oder so gibt und sie dann wieder in Ruhe lässt.** Und sagt, wir sprechen uns dann nachher nochmal oder nächste Woche können wir noch mal drüber reden. Dass man sie nicht aus den Augen verliert, aber immer wieder mit ihren Dingen alleine lässt. Das finde ich ist eine große Herausforderung. Weil man als Lehrer oft die Neigung hat das anders zu machen, zu forcieren den direkten Weg vielleicht zu bevorzugen und darum geht es hier nicht, sondern sie müssen ihren Weg finden und dazu können sie das Wissen und die Erfahrungen aller hier anzapfen oder eben auch nicht.

Bei der Projektfindung, ganz wichtig finde ich, sie auch erstmal selber gucken zu lassen. Oft kommen sie ja mit Ideen und sagen, wir wollen das und das. Das ist aber oft sehr sehr schwammig, „wir wollen irgendwas mit Elektronik machen“ oder „wir wollen irgendeinen Roboter bauen“ oder irgendsowas. Dann muss man natürlich versuchen auszuschärfen, wie genau könnte das denn sein, dass das Projekt nicht in so einer schwammigen Beliebigkeit stecken bleibt, weil ich glaube, die brauchen sehr konkrete Projektziele in aller Regel. In aller Regel sind das sehr wenige Teams, die mit einer sehr offenen Projektfragestellung erst mal klar kommen und dann erst merken, das passiert natürlich auch, das Thema gibt zu viel her, ich muss ein bisschen eingrenzen oder ein Aspekt interessiert mich besonders, den möchte ich untersuchen. **Aber ansonsten eben das Abklopfen mit ihnen schon sehr sehr genau und das habe ich auch im Laufe der Jahre, glaub ich, gelernt. Am Anfang dachte ich, man muss bei der Projektauswahl sehr wenig tun. Ich denke inzwischen, das ist ein sehr sehr wichtiger Punkt, wo man hinterfragen muss „wollt ihr das wirklich?“. Und möglicherweise darauf hinweist, in euerm Projekt werdet ihr sehr viel Mathematik brauchen oder ihr werdet Programmieren lernen müssen oder ihr werdet mit Elektronik konfrontiert werden.** Dass ihnen schon klar ist, wenn sie das erfolgreich bis zum Ende machen wollen oder erfolgreich – das definieren sie natürlich selber – sie wissen, dass da auch ganz bestimmte Hürden dabei sind, denen sie auf Dauer auch nicht aus dem Weg gehen können. Und das abzuklopfen und zu sagen, ist das wirklich euer Interesse, vielleicht auch noch mal „Ihr habt euch jetzt drei Vorschläge ausgesucht, überlegt noch mal ’ne Woche, vielleicht recherchiert schon mal, was es da gibt, und dann reden wir auch noch mal drüber.“ Also für die Projektauswahl sich wirklich Zeit nehmen. Sowohl in der Beratung finde ich als auch dann, wenn – es ist immer wichtig dazu zu sagen, ihr könnt in die Richtung jetzt mal gehen, und dann fangt ihr mal an, und nach drei oder vier Wochen guckt ihr noch mal, ist das noch so, ist mein Interesse immer noch dafür, brenne ich noch dafür, wie am Anfang oder denke ich ach ne, das geht jetzt in ’ne Richtung, die mir eigentlich gar nicht liegt. Dann kann und sollte man das natürlich abbrechen, kann man natürlich an jeder Stelle, aber am Anfang, wenn man da einen Monat sich damit intensiv auseinandergesetzt hat, dann weiß man natürlich aha, die Richtung die gibt's, aber da kommt das und das und das auf mich zu. Vielleicht möchte ich es doch gerne praktischer oder in 'ne andere Richtung bringen. Also dafür einfach viel Zeit nehmen, sich in Ruhe mit denen diskutieren, hinterfragen, Beispiele nennen, so weit man das kann halt. Keiner kann das für alle Fachbereiche, aber dafür sind wir ja auch ein Team.

R: Was ist dir denn bezüglich der Teamfähigkeit von den Schülern aufgefallen?

B4: Die ist sehr unterschiedlich, natürlich. **Die ist so unterschiedlich wie wir alle unterschiedlich teamfähig sind. Es gibt da Leute, die arbeiten nur im Team gut und auf sich allein gestellt wird es schwierig. Und es gibt natürlich welche, die sind recht stark alleine, aber haben dann wirklich Probleme auf andere Vorschläge oder Ideen einzugehen, oder wollen sich immer mit ihrer Idee durchsetzten oder so was. Also das ist bei ganz vielen glaube ich auch ein Prozess, den sie hier wirklich gut lernen können, hier als Team zu arbeiten.** Ich finde es immer, es ist immer, wie soll ich sagen, hier ist es vielleicht nicht so schwierig, in den normalen Unterrichtsbezügen wo wir ganz oft sagen, ihr sollt in der Gruppe, ihr sollt im Team, und es ist, ich habe auch Schüler oder auch hier Leute, die arbeiten halt einfach gut alleine und ich finde, man sollte sie dann auch erst mal lassen. Wenn sie das tun und so kommen und so machen, sollte man sie lassen, aber immer wieder vorschlagen, vielleicht könnte noch jemand dazu kommen oder überleg mal, ob wir dein Projekt noch für jemanden öffnen, oder wenn's nen Hänger gibt, zu sagen, Mensch es wäre doch schön, wenn noch jemand da wäre, mit dem du dich besprechen könntest, oder so. Manchmal merken sie das dann auch und sagen, ja stimmt, es ist wirklich schöner zu zweit zu arbeiten. Aber ich finde, man sollte es ihnen auch nicht vorschreiben, auch wenn wir das fördern und sehr stark sagen, eigentlich hätten wir gerne ein Team. Aber wenn's keinen Partner gibt in dem Team oder es vielleicht auch jemand verweigert oder sagt, ich will aber alleine arbeiten, dann auch erst mal lassen. Also mir fällt halt auf, wie verschieden ausgeprägt das ist.

R: Ist dir was aufgefallen, ob sich das mit dem Alter verändert? Oder ob sich die Schwierigkeiten, die im Team auftreten, mit dem Alter der Schüler verändern?

B4: Also ich habe den Eindruck, dass dieses Problem im Team zu arbeiten und die Schwierigkeit, die Herausforderung im Team zu

arbeiten, dass die fast unabhängig vom Alter vorhanden ist. Oft gibt's auch Teams, die eine Weile erfolgreich arbeiten und dann richtig Knatsch, wenn's ans Eingemachte geht, Jugend forscht oder 'ne Arbeit schreiben oder zusammen gemeinsam zum Wettbewerb gehen und ein Projekt vertreten und dann merkt man erst, wie unterschiedlich sie am Projekt beteiligt sind und wie sehr sie sich vorher schon mit gewissen Konstellationen in der Gruppe arrangiert haben. Aber ja, bei den Jüngeren ist es noch leichter veränderbar. Bei den Jüngeren zu sagen, hey wollen wir das nicht einfach mal probieren, dass ihr zu zweit arbeitet. Wenn man schon ein gewisses Alter hat, dann hat man halt meistens auch schon ein bisschen seinen Stil oder seine Vorlieben und das kann gut sein, das kann aber auch problematisch sein. Ich denke, wir können nicht mehr machen als zu der Teamarbeit zu ermuntern. Das können wir hier exemplarisch und wir dürfen und können hier regeln, wie wir das wollen und wir sollten ihnen helfen, wenn es Probleme gibt, Lösungsansätze zu finden, die [Probleme] zu überwinden, aber ich merke auch ganz oft, dass das dann nicht geht. **Dass ich dann Dinge vorschlage, lass uns mal im Team drüber reden, aber es lässt sich eben nicht immer oder oft auch nicht lösen. Wenn das Team zu sehr zerstritten ist oder nicht gut zusammenarbeitet, dann hilft es manchmal wirklich nur, aufzuteilen oder zu überlegen, ob es so weitergehen kann, oder ob jemand aus dem Team rausgeht oder ob sich das Team vielleicht sogar so auflöst.** Da gibt es natürlich alle Möglichkeiten, aber da dachte ich immer früher, das ist besser zu regeln. Man kann diese Probleme lösen, aber das ist halt wie in jeder menschlichen Beziehung. Alleine durch das wir setzen uns mal zusammen und reden drüber wird 'ne Ehekrise vielleicht auch nicht gelöst. Es ist ein Schritt, aber es reicht einfach nicht, sondern die Teammitglieder müssen auch dieses Ziel „wir wollen ein Team sein" alle unterstützen. Dann lassen sich in gewissem Maße die Probleme auch lösen. Ansonsten denke ich, ist bei der Teamfähigkeit das Wichtigste, wir schaffen 'nen Rahmen, in dem wir es förderlich anbieten, im Team zu arbeiten und da muss man auch ein bisschen bescheiden sein und sagen, mehr können wir da auch im Moment nicht machen, als das zu tun.

R: Und was für Probleme sind das bezüglich Teamfähigkeit, die dir aufgefallen sind?

B4: Naja, das ist ganz oft, dass in 'nem Team, dass schon die Projektidee oder das große Interesse an einem Projekt von einem ausgeht, der sagt, das wollte ich schon immer mal machen, das will ich machen und zu 'nem Freund oder Bekannten sagt, machst du nicht mit? **Und dann hat man halt oft die Konstellation, dass ein Zugpferd da ist und jemand mitarbeitet, mit zuguckt oft am Rechner oder wo auch immer und es ist sehr, sehr schwer, sag ich mal als Außenstehender, dazu zu ermuntern, Aufgaben auch wirklich zu teilen.** Es ist in Ordnung, wenn es ein Zugpferd gibt und einer mitarbeitet, das schon, aber in 'nem gewissen Maße muss jeder an dem Projekt teilhaben. **Sonst wird jemand auf Dauer zum Zugucken und als Mitläufer degradiert und das ist nicht gut fürs Selbstbewusstein, ist auch nicht gut fürs Projekt meistens.** Das ist dann manchmal ein bisschen schwierig sowohl den Mitlaufenden klar zu machen etwas den aktiveren Part einzufordern als auch denen, die das Zugpferd in dem Team sind, zu sagen: „Gib doch mal 'nen Teil deiner Aufgaben oder nen Teil deiner Macht im Team, gib das doch mal ab und nimm dich mal ein bisschen zurück." oder so. Das ist oft ganz schwer zu regeln und das prägt sich halt oft schnell aus. Es ist selten so ideal, dass sich 'ne Arbeitsteilung von alleine ergibt. Dass einer in dem Projekt der Programmierer ist, dass einer der Techniker ist und einer der Theoretiker ist und dass sich das zu einem wirklichen Teamwork zusammenfügt, das ist meistens ein bisschen ein längerer Prozess oder fast selten von Anfang an so. Und es ist denke ich auch normal, aber ich merke dann, wenn es zu sehr ist, dass Leute nur über die Schulter gucken „was machst du da?", dann schwindet das Interesse. Das ist wie in der Schule oder im Unterricht auch, dann steigen die Nebenaktivitäten und es wird mehr Computer gespielt oder was Anderes gemacht und das Interesse an dem Projekt ist einfach nicht da. Da müssen wir dann auch hinterfragen, „Mensch stehst du noch hinter dem Projekt? " Und dann kommen so Sachen oft raus, wie „Es interessiert mich eigentlich gar nicht, es ist nur das Ding vom andern." oder „Der macht ja sowieso alles alleine." Diese Sachen kommen dann ganz oft und dann muss man eben gucken, ob es sich regeln lässt oder ob es sich nur regeln lässt, indem man sagt, gut, du machst jetzt ein eigenes neues Projekt oder du überlegst dir jetzt, was du eigentlich für ein Projekt willst und dann suchen wir für dich einen Mitstreiter oder gucken nach 'nem neuen Team. Das ist dann oft die einzige Lösung, wenn es sich nicht untereinander klären lässt, dann für alle Beteiligten einen Gewinn daraus auf Dauer zu kriegen. Aber es gibt auch Projekte, die hoch erfolgreich sind, wo solche Leute dabei sind. Ich denke da an den [...] zum Beispiel. Da kenne ich alle drei Schüler ganz gut. Da ist ganz klar ein planerisches und intellektuelles Zugpferd in dieser Gruppe, einen zweiten, der gut mitarbeitet und mit dem einen sehr sehr gut kann und die technischen einfacheren Dinge da ganz gut hinbekommt und es gibt einen dritten, der nur mitgelaufen ist. Der eigentlich sehr wenig auf die Reihe gekriegt hat selber, aber dennoch von allen akzeptiert war und für ihn sehr wichtig war dabei zu sein. Die haben als Team zusammengehalten, vielleicht gerade, weil sie so eine Rollenaufteilung hatten oder obwohl die Rollen so unterschiedlich verteilt waren bei den dreien. Das ist erstaunlich, dass das zwei Jahre oder länger als zwei Jahre eigentlich bis zum Bundeswettbewerb, Europawettbewerb so gehalten hat, aber das ist natürlich in einer Gruppe auch eine stillschweigende Übereinkunft, dass man sagt, wir haben dich gerne dabei, zu jemanden, auch wenn du von den Beiträgen her nicht so viel bringen kannst oder willst. Und das ist eben so und dafür bekommen die auch zusammen 'nen Preis und das ist dann auch ok. Aber oft zerbrechen dann Teams, die haben dann aber durchgehalten, anscheinend. Ich habe zumindest von keinem großen Streit oder so was erfahren.

Interview 5

Betreuer B5

B5: Ich hab da 'ne Gruppe von drei Jungs, die bauen 'nen [...].

R: Was ist ein [...]?

B5: Ein Unterwasserroboter, remote over operation vehicle heißt das Teil. Ein Unterwasserroboter, der mit einem Greifarm irgendwelche Operationen machen soll, Proben hochbringen soll, Fotographieren, Filmen soll, unter Wasser. Die Kunst dabei ist dieses Ding unter Wasser dicht zu halten, er muss schwer genug sein, dass er unten bleibt, und er muss beweglich sein. Da sind Programmierarbeiten notwendig, die müssen Steuerimpulse übertragen, über Fernsteuerung oder über Glasfaserkabel und und und Also das ist nichts weltbewegend Neues, was die machen, sondern solche Geräte gibt es professionell in der Meeresforschung. Aber das Faszinierende ist es, jetzt diese Programmierung zu machen, die Steuerung, das beinhaltet 'ne ganze Menge fernsteuerbarer Technik. Und da haben sich jetzt also drei Jungs zusammengefunden. Der eine ist Programmierer, der andere ist Mechanikus mit hunderttausend Ideen im Kopf und der dritte, das ist einer, der hat von allem etwas. Und der die hunderttausend Ideen im Kopf hat, ist nicht in der Lage, mal ’ne Zeichnung zu machen, ’ne Skizze zu machen oder ’ne CAD-Ansicht herzustellen, wo er einem anderen, der ihn fragt, zum Beispiel seinem Betreuer oder irgendwelchen Leuten, die sich für das Projekt interessieren, darstellen kann, was er so im Kopf hat, wie das Gerät aussehen soll und dass das dann mal können soll. Das ist so ein Daniel Düsentrieb, der alles im Kopf hat, und der aus einer Blechbüchse und drei Nägeln ’nen Roboter baut. Er ist nicht in der Lage das zu vermitteln. Seine Ideen kann er nicht rüberbringen. Er kann sie dem dritten, der von allem ein bisschen kann, auch nicht richtig rüberbringen. Weil der dritte fängt andauernd an und macht Denkfehler. Der arbeitet dann mit und macht dann aber Dinge an dem Projekt, die eigentlich kontraproduktiv sind. Der klebt dann irgendwelche Sachen schon fest, die noch gar nicht festgeklebt werden dürfen und und und Das heißt, dass diese Kommunikation in dem Team untereinander ist also auch auf der fachlichen Ebene gar nicht gewährleistet. Oder sagen wir mal sehr gering entwickelt. Der dritte, der jetzt dazugekommen ist, das ist also ein bisschen der Programmierer und dem traue ich eigentlich zu, dass er dieses Projekt von Anfang an so’n bisschen dokumentiert. Ich hab mit dem eben ein Gespräch gehabt, bevor die anderen gekommen sind, und hab ihm so’n bisschen diese Problematik geschildert, die da im Moment entsteht. Wir haben also schon richtig Geld ausgegeben für das Projekt und die anderen beiden die verzetteln sich. Die kommen einfach nicht in die Hufe. Und als alter Produktionsleiter und Fertigungschef hätte ich jetzt einen Befehl erteilt, und dann wird das so gemacht, das machen wir hier natürlich nicht. Es ist jetzt also unwahrscheinlich schwierig für mich, die irgendwie auf der pädagogischen-psychologischen Seite zu packen und auf was draufzustoßen. Ich hatte also so ’ne Idee. Mir wurde ’ne Karte überreicht über irgendein Projekt, was jetzt läuft, wo Schüler ihre Arbeiten vorstellen können. Das ist so ’ne Vorstufe zu Jugend forscht.

R: Ja, Jugend Präsentiert

B5: Jugend Präsentiert, ganz genau. Und da waren sie eigentlich ganz begeistert. Das wäre was. Da ist noch nicht der Druck dahinter „wir müssen da fertig sein“, die können auch ein halbfertiges Projekt vorstellen. Aber wir brauchen dazu natürlich eine Präsentation. Das heißt also der Roboter, das kann man nicht erwarten, der wird bis dahin vielleicht zwei Funktionen machen, wird bis dahin mit Sicherheit nicht fertig sein, aber die Präsentation sollte fertig sein bis dahin. Also diese Ideen, die sie haben, sollen präsentiert werden, bis zum fertigen Roboter. Ob es dann funktioniert oder nicht, das sei jetzt dahin gestellt. Denn das ist ja die eigentliche Idee. So, und das ist für mich ein Riesenproblem das denen zu vermitteln.

R: Das heißt, denen ist einfach nicht klar, was ist ihr Vorwissen und was ist das Vorwissen von anderen.

B5: Ja, erstmal die Kommunikation untereinander, die klemmt sehr. Zwei von denen kennen sich, die wohnen sogar gegenüber, die haben auch privat Kontakt miteinander, aber es ist einfach dieses theoretische Wissen, was die haben und diese Ideen, die sie haben, auf's Papier zu bringen. Und das mal darzustellen. Das ist nicht vorhanden. Das ist das Problem. Und da einzuhaken, da die Motivation zu erzeugen, auch die Notwendigkeit zu erkennen, dass das 'ne ganz wichtige Sache ist in einer Konstruktion. Wenn nämlich meine gesamte Logistik nicht stimmt, der gesamte Ablauf eines Projektes, also diese ganze logistische Schiene, die notwendig ist, Beschaffung der Teile, Planung, Ausführung, Berechnen, die Konstruktion und so weiter. Wenn das nicht da ist, dann ist das ganze Projekt ein Schuss in den Ofen. Da kommt nichts bei raus. Die verzetteln sich am Schluss dermaßen, dass der eine nicht mehr weiß, was der andere macht. Obwohl das jetzt zu Beginn auch schon so ist.

R: Aber vielleicht könnte man sie dadran ja packen. Das müsste sie ja eigentlich stören, wenn – wie du gesagt hast, der eine was festklebt, was nicht festgeklebt werden soll.

B5: Genau.

R: Da müssten sie sich ja eigentlich ärgern.

B5: Ja, das wird immer so geduldet. Ich möchte nicht, dass die gegeneinander aufgewiegelt werden.

R: Ja.

B5: Wir hatten so eine Situation gehabt mit dem [...] hier und mit der [...]. Die mit [...], die waren bei der vorletzten Jugend forscht dabei. Das war 'ne ganz ganz extreme Sache. Die haben sich also, die hatten nach Außen hin ein Auftreten, da hab ich gedacht als alter Fuchs „Hey wow, das ist 'ne Gruppe, die halten zusammen wie Pech und Schwefel". Die konnten erklären, die hatten ein Konzept, das war fantastisch, das hat sogar die Leute in Darmstadt so unwahrscheinlich begeistert. **Am Schluss hat sich rausgestellt, das ist überhaupt nicht so. Der eine hat dem anderen die Freundin ausgespannt, der hat im-**

mer zu ihm irgendein Schimpfwort benutzt … die haben sich da richtig in die Wolle gekriegt und diese Gruppe, die war zweimal kurz vor der Landesausscheidung drangewesen auseinanderzubrechen. Wegen solchem pille-palle. Ich sag mal „Potenzkämpfe“ untereinander. Und wir haben hier mit denen Stunden gesessen und die wieder grade gerückt, dass die im Projekt weitermachen. Die wollten alles hinschmeißen. Und die Jufo-Erfolgsserie war kaum zu Ende gewesen, da hat's bumm gemacht und dann ist jeder seiner eigenen Wege gegangen. Und es ist irgendwie schade, und diese Gruppe, die wird genauso. Das spürt man schon im Anfang. Ich hab das jetzt drei Mal erlebt.

R: Wie alt sind denn die Jungs?

B5: Wie alt sind die? 14, 15

R: Das heißt also auch in einem Alter ...

B5: Ja, genau, genau die Hahnenkämpfe. Und der eine das ist so ein Stiller, der schluckt dann alles runter und du merkst aber dann, wie er hintenrum bohrt. Der andere der ist also ganz offen und denkt aber „lass den Alten schwätzen“, und der dritte, das kann ich noch nicht einschätzen.

R: Aber wenn sie für Jugend präsentiert begeistert sind, dann wäre das ja eigentlich ein Aufhänger, wo man sie mit packen kann und sagt schreibt doch mal auf, was ihr euch hier vorstellt, macht einfach mal ein paar PowerPoint-Folien …

B5: Da krieg ich sie nicht dazu. Das war doch mein Ziel. Macht doch mal 'ne CAD, macht doch mal 'ne Präsentation, zeichnet doch dieses Teil einfach mal so, wie ihr es euch vorträumt.

R: Das wollen sie auch mit Jugend präsentiert im Hintergrund noch nicht?

B5: Das klappt nicht. Auch dann noch nicht. Also gut, jetzt haben wir heute das erste Mal intensiver darüber gesprochen. Heute hab ich so'n bisschen mal nachgeschoben.

R: Du hast ihnen das heute mit dem Jugend präsentiert vorgeschlagen.

B5: Ja, nee das wissen die beiden schon länger, aber der dritte, der die ganze Zeit nicht dabei war, der hat das jetzt heute erst erfahren. Und der hat gesagt, er wird sich dadrum kümmern. Jetzt müssen wir erstmal abwarten, was der dritte jetzt macht. Das ist also momentan jetzt die Problematik. Die haben momentan schon so vier, fünfhundert Euro an Material bekommen. Die haben schon richtig Geld ausgegeben. Da habe ich ihnen heute mal ins Gewissen geredet. **Das ist so ein ty-**

pisches Gruppenverhalten, was man da beobachten kann. Wie ich es hier schon mehrfach in Gruppen beobachtet habe. Das sind immer wieder dieselben Mechanismen. Das wollte ich dir gerne mal mitteilen.

R: Ja gerne.

B5: Weil so genau, wie ich das jetzt geschildert habe, so baut sich das fast in jeder Gruppe auf. Das habe ich mehrfach schon so erlebt. Das kostet 'ne ganze Menge Geduld und auch pädagogisches Einfühlungsvermögen diese Gruppen da wieder auf Kurs zu bringen. Mit der [...]-Gruppe und der [...]-Gruppe haben wir elende Besprechungen gemacht. Da hat dann der Jörg, der Le Minh, der KP und ich und der Flo und der Duo wir haben dann hier gesessen und haben denen probiert, auch der Philipp, der hat denen ja die meisten Teile da gemacht, wir haben dann probiert die wieder auf Vordermann zu bringen. Das ging nur mit 6,7 Betreuern, die die wieder auf Kurs gebracht haben, damit die nicht alles hingeschmissen haben und wir suchen eigentlich im Prinzip 'nen Weg oder sagen wir mal, ich suche einen Weg, wie man so was von vornherein verhindern kann. Also 'ne Idee, wie man das jetzt steuern könnte, dass man nicht wieder am Schluss kurz vor Jufo in so 'ne Situation, in so ein Dilemma gerät. Aber wahrscheinlich wird's nicht so sein. Der kluge Vater, der kann seiner Tochter nichts beibringen, aber der stockdoofe Nachbar, der nicht bis drei zählen kann, das ist das große Vorbild. Das ist wahrscheinlich dieselbe Situation. . . . .

B5: Das ist jetzt also diese ist-Situation. **Und das ist bei allen Gruppen ist das bisher so gewesen, die ich so mitbetreut habe oder wo ich so'n Einblick hatte, denn egal, wer die dann auch betreut hat, wo ich dann so'n richtigen Einblick hatte, wie das funktioniert, da habe ich das genau so erlebt, wie ich das da jetzt geschildert habe. Genau so.** Also diese Mechanismen sind [... (unverständlich)]. Da müssen wir mal einhaken.

Interview 6

Ehemaliger des SFNs, nun Betreuer B6

R: Was für Schwierigkeiten hast du denn bei Teams beobachtet, wenn die anfangen zu arbeiten?

B6: Also das größte Problem, das ich sehe bei Teams, ist, wenn das Teamverhältnis, also das Verhältnis zwischen den Teammit-

gliedern ein Problem darstellt. Also entweder, viele kennen sich ja schon aus der Schule, wenn es da Leute gibt, die sich beispielsweise von der Vorgeschichte her nicht mögen oder wenn die Kinder vom Charakter her zu unterschiedlich sind. Also ein ganz Stiller und ein Lebendiger zusammen in 'nem Team sind, das macht normalerweise ziemlich große Probleme. Die muss man dann versuchen so glattzubügeln.

R: Und wie würde man das Glattbügeln umsetzten?

B6: So'n Grundrezept oder so gibt es dafür nicht. Das hängt immer von der Person ab. Nicht alle hibelligen Kinder sind gleich. Es gibt einige, die sind uneinsichtig, einige die sind sehr einsichtig, die haben einfach nur zu viel Energie. Und wenn dann beispielsweise ein Kind sehr hibbelig ist und man sieht, der ist einfach nur energiegeladen, dann muss man dem eben mehr zu tun geben. Problematischer ist es schon, wenn da ein störender Charakter dahinter ist. Ich bin hibbellig und ich möchte das jetzt einfach so machen und ich brauche dafür keine Begründung, wenn die einfach tun, was sie wollen. Das ist dann das Problematischere. Da muss man dann meist so ein bisschen mehr Druck aufbauen, so'n richtig funktionierendes Rezept habe ich da auch nicht.

R: Und wenn Teams sich jetzt ihre Fragestellung suchen, was ist dir da aufgefallen? Wo kann es schwierig werden?

B6: Wenn Teams sich ihre Fragestellung suchen … Also so schwierig ist das eigentlich nicht. **Das Problem ist einfach, wenn das Team sich eine Fragestellung sucht, weiß es eigentlich noch gar nichts. Das bedeutet aber auch, wichtiges Wissen, wie beispielsweise Wissen, das sie bräuchten, um zu differenzieren, was können wir tun, was können wir nicht tun, das ist noch nicht da. Das ist so ein Henne-Ei-Problem. Aber das kann man dann durch ein informierendes Gespräch klären.** So schwierig ist das auch nicht.

R: Was ist dir aufgefallen bezüglich der Teamfähigkeit mit dem fortschreitenden Alter?

B6: Man würde jetzt eigentlich denken, dass die Teamfähigkeit mit dem fortschreitenden Alter besser wird. Ich hab festgestellt, das ändert sich fast gar nicht. Also wenn jemand teamfähig ist von Natur aus, bleibt er das auch, wenn es Leute sind, die nicht teamfähig sind aus verschiedenen Gründen, es gibt ja viele Gründe, weshalb man nicht teamfähig sein kann, dann sind das meiner Ansicht nach meistens Persönlichkeitsprobleme, die werden mit dem Alter nicht besser.

Also wir hatten da auch Teams, die waren auch relativ erfolgreich, aber da mussten wir extrem viel, sag ich mal, auch unter die Arme greifen. Das haben wir oft das Problem, wenn die älter werden, ich glaube vielleicht wird das besser im Studium oder so. Aber in der Zeit, in der wir sie als Heranwachsende haben und sie dann mitten in der Pubertät sind und das wird nicht besser mit der Teamfähigkeit. Einige haben dann einfach, die entwickeln dann ein ziemlich starkes Revierverhalten, die streiten sich dann auch häufiger, wer was macht, wer wie viel Ruhm einheimsen darf. Das haben die Jüngeren meistens nicht. Aber dafür haben die Jüngeren dann weniger das zielstrebige Arbeiten. Ich sehe da keinen so großen Unterschied von den Älteren zu den Jüngeren. Es kann sein, dass die Gründe sich ändern, aber die Teamfähigkeit scheitert meistens schon dadurch, dass von der Persönlichkeit her diese Einstellung nicht da ist.

R: Wenn du jetzt feststellst, dass in dem Team grade jemand beginnt so ein ausgeprägtes Revierverhalten zu entwickeln, wie kann man denn da durch Coaching drauf einwirken?

B6: Schwierig. Also wie gesagt, so Fälle haben wir nicht so häufig, so ausgeprägte Fälle. In den meisten Fällen ist es auch wirklich so, man kann auch nicht sagen, wenn das passiert kann man das probieren. Man muss einfach immer versuchen auf die Person einzugehen, zu verstehen, warum macht er das und versucht das dann halt irgendwie auszuhebeln. Also es funktioniert nicht immer, bei manchen kann man zeigen, das was ihr macht, ist sinnlos. Also dieses sture Verhalten, das bringt dir nichts. Bei manchen kann man auch versuchen die Energie einfach umzuleiten. Also dass man dann sagt, ok, du willst unbedingt als der glänzen im Projekt, der am meisten gemacht hat, dann kannst du auch am meisten machen. Das ist dann auch ok, mach mir dann doch mal so'n Plan. Dann kann man über die Hintertür versuchen, was man normalerweise in der Industrie als Teamarbeit versteht, reinzuhämmern. Dass man sagt ok, ich bin da auch einer, der stellt die Leute dann auch vor vollendete Tatsachen. Ich sag dann nicht so „ja, ihr könntet ja versuchen“, das nicht, sondern, „nein, was ihr braucht, ist ein Fahrplan“ **Ihr braucht einen Plan, was wollt ihr machen, wann wollt ihr das machen, wer tut das, bis wann wird das verabredet? Also ich geb denen dann auch meistens keine Möglichkeit zu entscheiden, wollen wir nicht, oder was anderes machen. Weil offensichtlich wir geben denen ja meistens schon relativ lange Zeit. Also so 6 bis 8 Wochen oder und**

dann haben wir meistens den Entschluss gefasst, die können das dann nicht alleine entscheiden.

R: Was ist dir denn aufgefallen dazu, dass die Schüler, die hierherkommen, das Arbeiten eigentlich so nicht gewöhnt sind. Schule läuft ja anders ab. Gibt's dadurch auch Probleme?

B6: Probleme gibt's da eher nicht.

R: Oder eher Schwierigkeiten.

B6: Schwierigkeiten ... **Minimale Schwierigkeiten sind manchmal, dass die Schüler häufig ganz extrem erstaunt darüber sind, dass sie hier so frei arbeiten können. Meistens stellen sie sich vor, das ist wie Schule und da gibt es ein Programm, das muss ich abarbeiten [... (unverständlich)] Und wenn die meisten sich dann zum ersten Mal damit konfrontiert sehen, dass sie unbeaufsichtigt arbeiten, also in dem Sinne, man, also nicht unbeaufsichtigt, sondern eher ungeleitet, dass wir nicht vor ihnen stehen und sagen, du machst die Aufgabe 1, wenn du mit 1 fertig bist, machst du Aufgabe 2 , dann machst du 3,** Die sind dann häufig, also man merkt dann, die wirken ein bisschen verloren, weil die zum ersten Mal selbstständig arbeiten müssen und normalerweise sind sie ja eher Lehrkonsumenten, konsumieren also das Programm, und jetzt müssen sie selber etwas schaffen. Die meisten, bei den meisten ist das kein Problem, aber bei vielen merke ich halt, das ist so eine Aha-Erkenntnis „Ich kann jetzt eigentlich machen, was ich will!". Ich kann ein Projekt machen, das ich gestalten kann, wie ich will und die meisten kennen so was gar nicht.

Interview 7

Ein Team, bestehend aus vier Schülern der 9. Klasse. Drei von ihnen sind seit der 5. Klasse am SFN. Der vierte ist in der 6. oder 7. Klasse dazugekommen. Sie kennen den KidsClub noch aus der Zeit, in der keine Workshops angeboten wurden.

Interview 8

Team bestehend aus zwei Schülern. Einer besucht die Q-Phase, der andere die 10. Klasse.

Interview 9

Team bestehend aus vier Schülern der 8. Klasse.

Interview 10

Team bestehend aus einer Schülerin und einem Schüler der 9. Klasse.

Interview 11

Team bestehend aus zwei Schülern der 7. Klasse

Interview 12

Interview mit KP Haupt, Leiter des SFNs

R: Welche typischen Schwierigkeiten beim Einstieg in das Forschende Lernen hast du denn beobachtet?

KP: Das hängt vom Alter ab. **Sehr vielen SuS fällt es schwer, auf eigenen Wegen etwas zu erkunden, nicht nach Anweisung zu handeln, sondern sie erwarten konkrete Aufgaben und sind am Anfang durchaus hilflos, wenn sie diese Aufgabe nicht bekommen.** Bei den ganz jungen, die freies Forschen machen, geht es recht gut. Dann verlernen sie es wieder. Im ScienceClub fällt es dann wieder extrem schwer, weil die Ablenkungen größer geworden sind und sie von sich aus nicht mehr systematisch an die Arbeit rangehen können. Das ist der Grund, weshalb wir auch versuchen müssen mehr Strategien zu vermitteln, mehr Methoden zu vermitteln, wie man Probleme findet, wie man Fragen stellt, wie man Informationen heranträgt. **Es gibt auch durchaus Teams, die nach jedem kleinen Schritt kommen und warten, ob die nächste Idee, ob die nächste Anweisung kommt.** Das ist so die Regel. Es gibt Ausnahmen, das ist klar, aber, die würd ich sagen, sind wirklich Ausnahmen, die das wirklich schon von alleine können.

R: Was ist dir denn bezüglich der Teamfähigkeit aufgefallen? Ändert die sich auch mit dem Alter?

KP: Ist prinzipiell ein Problem. Wir haben in letzter Zeit immer mehr Einzelgänger, denen es schwer fällt, ein Thema mit anderen zu teilen. Das heißt, die kommen und wollen ein bestimmtes Thema machen und sind nicht bereit davon loszulassen nur um mit anderen zusammenzuarbeiten, oder auch umgekehrt nicht bereit mitzuwirken in einem Team bzw. Teams oder Einzelpersonen, die sich wirklich wehren, dass jemand anders dazukommt. Sie möchten eher alleine sein, weil Teamarbeit ist anstrengend. **Ist immer mit Konflikten verbunden und ich kenne kein Team, das vollkommen konfliktfrei über die gesamte Zeit gearbeitet hat. Ganz häufig, wenn wir merken, dass diese Konflikte tiefgreifend oder sagen wir mal die Arbeit negativ beeinflussen, dann führen wir Gespräche.** Oder aber auch, wenn Teammitglieder kommen und sagen „Mit dem will ich nicht, mit dem kann ich nicht!“ oder „Den will ich raus haben!“ Dann versuchen wir zu vermitteln. Jeden im Team zu Wort kommen zu lassen und versuchen diesen Konflikt so darzustellen, dass sie ihn selbst abbauen können. Aber Teamfähigkeit ist etwas, was nahezu bei allen ein ganz großer Mangel ist. Bei den Kleinen, die sich wegen der Winzigkeit streiten und kloppen und ablenken und bei den Großen, die teilweise wirklich sich gegenseitig angreifen und gegenseitig beschuldigen bestimmte Dinge zu tun, nicht zu tun, bis in den privaten Bereich hinein.

R: Das heißt, die Qualität der Probleme, die auftreten, ändert sich.

KP: Ja, ja. Das schon, aber bei den jungen sind es einfach Kleinigkeiten, aber das sollte man auch relativ zu denen sehen. Für uns ist das, was einen Zehnjährigen beschäftigt, so’n Konflikt ’ne Kleinigkeit, für ihn nicht. Die ganzen Sozialstrukturen ändern sich ja auch im Laufe der Pubertät und ein 17jähriger hat halt andere Sozialstrukturen, andere Bedürfnisse und da wird auf einer anderen Ebene ein Konflikt aufgebaut. So dass es für die jeweiligen Personen schon sehr bedeutungsvolle Konflikte sind. Nur da die Älteren näher an uns sind, habe ich das jetzt eher mit Kleinigkeit bewertet, aber eigentlich ist das falsch, das so zu tun.

R: Ich hatte den Eindruck, dass viele Schüler immer wieder Transparenz einfordern, von ihrem Vorgehen, von ihrem Projekt, was für uns natürlich auch schwierig ist, weil wir auch nicht immer wissen, in welche Richtung das läuft. Was würdest du da vorschlagen? Wie kann man da vorgehen?

KP: Da muss ich nachfragen. Das die Schüler von uns Transparenz einfordern, das heißt, dass sie von uns fordern, dass wir ihnen den Weg transparent darstellen oder die Fragestellung transparent ist?

R: Dass sie eher eine Rückmeldung bekommen, ob sie auf dem richtigen Weg sich befinden.

KP: Das ist natürlich bei den Jüngeren ganz extrem und ich denke im KidsClub tun wir das auch. Bei den Älteren möchte ich, dass wir das immer mehr zurücknehmen. Und bei Klasse 9, also beim ScienceClub und in der Oberstufe, meine ich, sollte es nicht mehr unsere Aufgabe sein. Wir sollten nur noch einschreiten, wenn wir das Gefühl haben, dass sie das Projekt vor die Wand fahren. Sehr häufig ist es ja so, dass wir auch bei den Älteren gar nicht beurteilen können, ob es wirklich ein Weg ist, der zum Ziel führt, wir sie sogar einfach machen lassen müssen und sie diese Erfahrung selbst machen müssen. Das gehört dazu. Ich glaube aber nicht, dass die Älteren diese Transparenz einfordern. Ich könnte mir eher vorstellen, dass es die Jüngeren sind. Von den älteren Teams ist mir das in der Regel nicht bekannt. Von den jüngeren ja klar. Die wollen „Kann ich das so machen? Läuft das? Ist das richtig? " Da kommen solche Fragen. Bei den Älteren passiert eher was anderes. Da habe ich sehr oft beobachtet, dass sie eigene Wege durchboxen. Dass sie Ratschläge ausschlagen, sogar vehement gegen Einmischung protestieren. Also ich kann mich an Situationen erinnern, wo Teams sich bei mir beschwert haben, ältere Teams, dass ihr Betreuer ihren Weg nicht akzeptieren will, sondern versuchen möchte, sie zu einem anderen Weg zu überreden und ich sie dann bestärkt habe, das ist euer Projekt, wenn ihr das so wollt, macht es dann so, und sie haben es dann so gemacht und waren dann auch erfolgreich. Bei den Älteren habe ich eher das Gefühl, da sollte man sich nicht so intensiv einmischen.

R: Wir haben ja hier verschiedene Beratungssituationen. Zum einen erstmal bei der Projektwahl, dann immer wieder bei den wöchentlichen Treffen und dann eben auch in Konfliktsituationen. Wie würdest du da das Coaching beschreiben, wie wir da vorgehen sollten?

KP: Bei der Beratung am Anfang bei der Projektwahl müssen wir sehr intensiv beraten. Weil die, die hierherkommen, in der Regel keine Vorstellung haben von Projekten. Und wir müssen durchaus versuchen abzuschätzen, ob das Projekt für diese Gruppe oder diese Person geeignet ist. Ich mache das immer so, dass ich mir aus dieser Liste so 5,6 Beispiele geben lasse, die die gerne machen würden und dann kommentiere ich diese Beispiele und gucke auf die Reaktionen. Wenn ich dann also sage, da braucht man sehr viel Mathematik mit Integralen und dann guckt jemand schon skeptisch, dann weiß ich, ich sollte eher von der Theorie abraten und versuche dann sozusagen ein Thema zu finden, was einerseits dem Team gefällt, es andererseits aber nicht von vornherein überfordert. **Eine gewisse Überforderung sollte sein, aber nicht so, dass es aussichtslos ist. Andererseits versuchen wir auch, also ich zumindest, auch Herausforderungen zu stellen und rate von reinen Bastelprojekten ab.** Wenn die Älteren kommen und wollen letztendlich nur etwas zusammenschrauben, lehne ich es auch mal grundlegend ab und sage, das ist nicht unsere Aufgabe. Ihr müsst eine Fragestellung entwickeln. Man findet dann auch häufig etwas. Also diese Beratungssituation am Anfang ist sehr, sehr dicht. Und die ist auch nicht nur auf einen Tag beschränkt, die geht manchmal über viele Wochen. Bis sich so ein Thema konsolidiert hat und sie dann schrittweise alleingelassen werden.

Später, während des Ablaufs, sollte die Beratung immer mehr rücknehmend sein. Also eher mal „Was macht ihr?“, sich berichten lassen und an den Berichten merken, ob Bedarf für eine Beratung besteht oder nicht. Die Frage „Kann ich euch helfen?“ ist nicht angebracht, weil die wird meist nur mit „Nein!“ beantwortet. Aber fragen „Erzählt mal, was macht ihr denn gerade?“, da kann man durchaus Aufschlüsse daraus kriegen und dann punktuell dann auch beraten.

Was ich nicht mache, dann bei diesem Team bleiben. Die Beratungssituation ist für mich eine zeitlich sehr begrenzte Situation und dann gehe ich weg und überlasse dem Team es entweder, das zu verarbeiten, sich jemand anders zu suchen, weil sie mit meiner Vorstellung nicht einverstanden sind oder nochmal nachzufragen, wenn sie sagen, sie haben was nicht verstanden oder sehen andere Probleme. Aber ich bleibe nicht dabei. Einerseits, damit keine Kontrolle entsteht, sie nicht das Gefühl haben, die Umsetzung wird jetzt kontrolliert. Andererseits, damit sie sich frei über diese Beratung äußern können.

Bei Konflikten ist es so, dass ich – und das machen auch viele andere Betreuer so – dass wir extra Gesprächstermine anberaumen. Wobei wir darauf achten, dass alle Beteiligten auch da sind und es geht dann eigentlich nur um eine Moderation, um eine Darstellung, dass jeder mal wirklich seine Position unwidersprochen auf den Tisch legen kann und dann gemeinsam das Team versucht eine Lösung zu finden. In der Regel sollte so ein Gespräch nicht ohne Lösungsidee enden und sie das möglichst selbst managen. Wir haben ganz wenig Fälle gehabt, wo wir von außen dann eingreifen mussten. Einmal haben wir ein Teammitglied für zwei Wochen suspendiert, weil es überhaupt nicht anders ging. Weil sonst die andern beiden, ja die hatten Angst vor ihm und wollten auch nicht weiterarbeiten. Aber danach habe ich dann Einzelgespräche mit den anderen geführt und gefragt, ob sie denn bereit wären einen Schlussstrich zu ziehen und nach einem gewissen Abstand waren sie das. Meistens nach viel kürzerer Zeit als geplant waren die dann wieder zusammen. Das ist wirklich eine Ausnahme. In der Regel werden die Konflikte dann gelöst, bis zum nächsten Mal. Das kann auch nur vier Wochen dauern. Manchmal kriegen wir aber auch solche Konflikte gar nicht mit. Da merke ich nur, dass das Team sich als Ganzes anders verhält, sich weniger trifft oder auch weniger gemeinsam plant. Dann versuche ich nachzufragen und wenn ich dann merke, dass ich ausweichende Antworten kriege, dann entwickele ich das Gefühl, dass die das mit sich ausmachen wollen. Es ist ja nicht meine Aufgabe jeden privaten oder persönlichen Konflikt zu kennen oder auch zu lösen.

R: Was ist dir denn aufgefallen bezüglich der ungewohnten Freiheiten, die die Schüler hier haben?

KP: In der Regel läuft das ganz gut. In der Regel entwickeln sie Verantwortungsbewusstsein und nutzen diese Freiheit sinnvoll. Natürlich mit anderen Dichten als ich mir im Idealfall es vorstellen könnte. Sagen wir mal, jemand ist vier Stunden hier. Dann könnte ich mir vorstellen, dass ich sagen würde, ich würde die vier Stunden am Projekt arbeiten. Das passiert in der Regel nicht. Wenn's dann zwei Stunden sind, ist das ok. Wenn's nur eine halbe Stunde ist, finde ich das nicht ok. Dann versuche ich auch mal mit dem Team zu reden. Und versuche deutlich zu machen, dass wir auch gewisse Anforderungen haben, die wir durchaus auch erfüllt sehen wollen. In den allermeisten Fällen wird das akzeptiert. Wir hatten am Anfang einen Konflikt als die ersten Computer kamen, dass unbedingt Computerspiele gemacht werden. Wir haben das nicht verboten. Wir haben in einer Vollversammlung darauf hingewiesen, dass wir das problematisch finden und dass wir das eigentlich nicht möchten. Dass wir gestatten, wenn jemand mal zur Entspannung so was macht, aber dass das Hiersein nicht durch ein Computerspiel gefüllt wird. Und das ist dann spätestens nach dem zweiten Mal auch umgesetzt worden. Also ich denke, wenn man nicht von vornherein Verbote macht, sondern die Problematik deutlich macht, die in der Erlaubnis steckt, die Verantwortung deutlich macht, die das mit sich bringt, dass sehr, sehr viele das akzeptieren und sich verändern. Wenn ich nicht alle damit erreiche, ich glaube das geht auch gar nicht, muss ich damit leben. Mit Verboten würde ich auch nicht alle erreichen, wahrscheinlich sogar noch viel, viel weniger. Und bei den wenigen, die ich erreiche, vielleicht sogar ohne dauerhafte Wirkung. In dem Moment, wo das Verbot nicht mehr kontrolliert wird, endet dies ja. Und ich möchte, dass das Verhalten sich ändert, ohne dass ich es kontrollieren muss. Dass es sozusagen um eine freiwillige Tätigkeit geht. Von daher habe ich auch immer das Gefühl, wenn man es offen anspricht, ich habe beobachtet, dass ... mir gefällt das nicht, ich würde das gerne anders haben, weil ... und solche Bemerkungen macht, dass sie das akzeptieren und auch nicht als Bevormundung auffassen. Jedenfalls habe ich den Eindruck. Ob sie das selbst so wahrnehmen, weiß ich nicht. Das wäre interessant herauszufinden. Wir müssen Schranken setzen, das ist ganz klar. Die Arbeit hier ist nicht Laissez-faire, darf auch gar nicht sein, möchte ich auch gar nicht. Ich möchte, dass diese Arbeit hier so frei wie möglich ist, aber auch so strukturiert wie notwendig. Und das ist ein Balanceakt und den muss man immer wieder neu gehen. Um ehrlich zu sein, den müssen wir jeden Tag neu gehen. Weil jeden Tag die Teams hier aus einer anderen Situation hier auftauchen. Mal haben sie Lust zu arbeiten, mal keine, treffen sich, weil sie sich sowieso treffen, mal haben sie grade private Probleme, mal müssen sie für eine Klausur lernen, mal haben sie Misserfolge gehabt. Sie kommen immer in einer anderen Situation hier an und wir müssen ihnen Freiheiten lassen, diese Situation zu bearbeiten, in eine Arbeitssituation umzumünzen. Wir müssen aber auch ihnen Grenzen aufzeigen, wenn ihnen das nicht gelingt. Ich will ein Beispiel nennen. Gestern Abend liefen zwei Leute hier mit einem Laptop durch die Gegend. Gingen von Raum zu Raum, guckten auf den Laptop, gingen wieder raus und ich habe dann gesagt „Was macht ihr da?“ Und dann meinten sie „Wir suchen einen Raum, in dem eine Atmosphäre herrscht, in der wir arbeiten können.“ Das heißt, die haben selbst von sich aus gemerkt, dass da, wo sie waren, ihre Arbeit gestört wird. Von sich, durch andere, das war vollkommen egal. Und wollten sich umsehen, wo sie besser arbeiten können, um weiterzukommen. Und sie haben diesen Raum auch gefunden und dann dort auch gearbeitet. Das finde ich tausendmal besser, wenn das von alleine passiert, sie waren übrigens 14, als wenn ich danebenstehe und sage „Jetzt musst aber arbeiten, eher darfst du nicht und sieh mal zu, dass du mindestens eine Seite schreibst.“ Weil dieses eigene Bestreben, sich Arbeitsatmosphäre zu verschaffen, heißt, sie waren in der Lage zu erkennen, dass etwas schief läuft, sie haben eine Lösungsstrategie entwickelt und sie haben nachhaltige Wirkung gespürt. Das ist genau das, was sie lernen, woran sie sich später mal erinnern werden, wenn sie in ähnlichen Situationen sind. Im Studium, in der Schule oder wann auch immer. Von daher ist diese Freizügigkeit eine Chance. Und wir müssen halt ab und zu mal darauf hinweisen, dass diese Chance genutzt wird. Und damit sollte es sich eigentlich bewenden.

Trotzdem möchte ich eigentlich immer wissen, was welches Team macht. Also, ich möchte den Überblick nicht verlieren. Weil ich glaube, wenn ich den verliere, dann kann sich etwas breit machen, was irgendwann nicht mehr kontrollierbar wird, was ich nicht rechtzeitig merke. Wenn also Atmosphäre auftaucht, die prinzipiell Arbeiten negiert, muss ich das rechtzeitig merken um gegensteuern zu können. Gespräche zu führen. Notfalls auch Teams in verschiedenen Räumen zu trennen. Dass wir ganz bestimmten Teams bestimmte Räume zuweisen und gewisse Teams nicht gemeinsam in einem Raum arbeiten lassen, weil sie sich gegenseitig so stören, dass sie es nicht schaffen, sich Freiheit zum Arbeiten zu nehmen. So steuern wir so flankierend am Rande eine Situation, in der Arbeitsprozesse sich bilden können. Und das Positive, was sie dabei erfahren, das hoffe ich, ist dann das, was sie mitnehmen. Letztendlich nicht, dass sie hinterher dann etwas mehr über den Doppelspalt wissen oder über Quantenmechanik, das können sie auf anderem Wege wahrscheinlich auch lernen. Oder lernen sie im Studium sowieso. Aber dass sie sich beobachten lernen, dass sie lernen sich zu steuern, zu kontrollieren, zu motivieren, das sind gerade diese Kompetenzen, die nicht rein kognitiv sind, das ist gerade das, was ihnen später wahrscheinlich mehr weiterhelfen wird.

Interview 13

Jörg Steiper, stellvertretender Leiter des SFNs

R: Welche Schwierigkeiten sind dir denn beim Forschenden Lernen aufgefallen, die die Schülerinnen und Schüler haben?

J: So einige. **Womit Schüler meistens ein Problem haben, ist, dass sie den Aufwand unterschätzen.** Die dann eine gute Idee haben oder einen Projektvorschlag, den wir haben, interessant finden, aber dann den Aufwand unterschätzen. Die denken, das ist ratz-fatz erledigt und dabei ist das doch echte Arbeit. **Es werden auch in der Presse oder**

in den Medien falsche Vorstellungen erzeugt, wo dann jahrelange Forschung auf wenige Minuten in einer Doku oder einem Spielflim reduziert wird. Und das wird häufig von den Schülern unterschätzt, dass man dann doch mal längere Zeit recherchieren muss, dass man längere Zeit Messungen durchführen muss und dann es auch mal auswerten muss. Also sie unterschätzen schon den Arbeits- und Zeitaufwand häufig.

Wenn sie dann einmal Feuer gefangen haben und in den Flow reingekommen sind, dass das Messen funktioniert und ihre Versuche, dann ist das ein Selbstläufer. Aber diese Fehlvorstellung, dieses Dreitagesprogramm zum Mondflug: Heute entscheide ich, ich fliege zum Mond, morgen kaufe ich die Sachen, übermorgen baue ich es zusammen, in drei Tagen fliege ich los.

Das ist grade bei den Jüngeren ein großes Problem. Die haben super Ideen, aber unterschätzen häufig den Zeitaufwand, den sie da investieren müssen.

Ein anderes Problem ist natürlich häufig, dass die Schüler ankommen und [...] einfach gar keine Idee haben. Dann häufig sagen, sie wollen irgendwas machen, Bereich Naturwissenschaften, aber dann wird es schon schwierig Physik, Chemie, Biologie? **Das kriegt man schon noch aus denen raus, aber dann eine konkrete Fragestellung zu entwickeln fällt ihnen schwer. Sie wollen irgendwas mit Elektronik machen, aber das ist natürlich dann ein weites Feld und dann muss man versuchen das im Gespräch mit den Schülern einzugrenzen auf 'ne konkrete Fragestellung.**

R: Und wenn die Schüler jetzt am Projekt dran sind?

J: Dann wird der Zeit- oder Arbeitsaufwand unterschätzt. Was manchmal auch unterschätzt wird, ist, dass es dann doch meistens besser ist, wenn es Teamarbeit ist. Nicht im Sinne von Toll ein Anderer macht's, sondern in dem Sinne, dass sie wirklich mal zu zweit oder zu dritt an einem Projekt arbeiten. **Wir haben ja häufig Schüler, die dann sagen, nee, wir machen lieber alleine, weil sie vielleicht auch aus ihrer Schulgenese die Erfahrung gesammelt haben, wenn sie mit anderen zusammenarbeiten, dann müssen sie die eh meistens mitziehen.** Häufig sind es ja dann doch die besseren Schüler oder die interessierteren Schüler, die wir hier haben und für die ist dann Gruppenarbeit, sie müssen eh alleine machen und die anderen schreiben nur bei ihnen ab. Das tendiert dann häufig dazu, dass sie dann auch alleine arbeiten wollen und das aber häufig schief geht. Einfach weil dann jeder mal eine Down-Phase hat oder eine Phase, wo er mal externen Input braucht, wo es mal durchhängt und dann ist es halt ganz gut, wenn man einen zweiten Partner hat, mit dem man sich austauschen kann. Zwei Hirne haben halt mehr Ideen und wenn man seine Ideen zusammenschmeißt, kommt da eher eine Lösung raus, als wenn man da im eigenen Saft brät. Und was auch noch der Punkt ist, wenn man eben grade den Anfang, wenn sie in der Phase sind, dass sie den Arbeitsaufwand unterschätzt haben und demotiviert sind, ist es immer besser, wenn es zwei oder drei Leute in einem Team sind, einfach weil man sich dann gegenseitig besser motivieren kann. Dann ist der Durchhaltewille größer als wenn man jetzt nur alleine dasteht. Weil wenn man alleine vor einem Problem steht, wo man denkt, dass man es nicht lösen kann, und man schon zwei, drei Monate an dem Projekt sitzt und es nicht richtig vorwärts geht, dann tendiert man, wenn man alleine ist, eher dazu, die Segel zu streichen, als wenn man zu zweit oder zu dritt in der Gruppe ist und sich dann gegenseitig noch mal motiviert.

Fachliche Probleme treten natürlich auch auf. Aber das ist ja gerade das, was eigentlich die Schüler dann weniger abschreckt. Das sind dann eher die Rahmenbedingungen, woran es dann häufig scheitert. Also nicht am schwierigen technischen Problem oder am schwierigen fachlichen Problem, das finden die dann meist eher noch herausfordernd oder interessant, sondern dann häufig an so Sachen „Müssen wir das wirklich noch mal messen?", „Müssen wir das wirklich zehn Mal messen? Reicht nicht einmal?" Oder dass das Team häufig keinen Termin findet, wo es sich treffen kann. Also an der Selbstorganisation. Wo wir dann gefragt sind, da ein bißchen vorstrukturierend zu wirken, wobei letztendlich das Team sich dann absprechen muss und wir nicht vorgeben sollten, ihr kommt dann und dann zu den Uhrzeiten. [...] Das ist dann schon ein Punkt, wo es daran scheitert, dass die Teams sich untereinander nicht genügend absprechen.

R: Was sind denn Punkte, wo du sagst, da sollten wir durch Coaching eingreifen und was sind Sachen, die sollten wir laufen lassen?

J: Wir sollten nicht eingreifen bei Problemen, die die Schüler selber lösen können und auch selber lösen wollen. **Nicht das Projekt für die quasi vorarbeiten und denen wesentliche Handlungsschritte abnehmen, die die Schüler als Teil ihres Projekts sehen. Unsere Aufgabe ist eher den Arbeitsprozess am Laufen zu halten. Eben**

zu schauen, wo tritt das Team auf der Stelle, wo kann ich denn da durch einen kurzen Input eine Hilfe geben, dass sie wieder ins Arbeiten kommen. Das kann durchaus mal eine fachliche Frage sein, dass sie an einer Stelle sitzen, mit einer Gleichung nicht weiterkommen oder nicht wissen, wie sie konkret ein Experiment auswerten oder konkret ein Experiment aufbauen, aber dann sollte man sich, wenn man dieses eine Problem gelöst hat, dann wieder zurückziehen und die dann machen lassen.

Und wo man auch noch eingreifen sollte, ist, wenn es zu teaminternen Problemen kommt. Wenn die nicht über die Sache diskutieren, sondern es dann zu eher sozialen Problemen in der Gruppe kommt. Das hat man auch immer mal wieder, dass die sich wegen irgendwas gegenseitig in die Haare kriegen.

Und wo wir auch gefragt sind, sind halt eben diese Rahmenbedingungen. **Wir müssen dafür sorgen, dass die Rahmenbedingungen so sind, dass die Schüler sich auf ihre Arbeit und ihr Problem konzentrieren können.** Wir sollten dann dafür sorgen, dass Kontakte zu Universitäten oder zu Firmen hergestellt werden. Weil das wäre dann außerhalb der Reichweite der Schüler. Genauso vielleicht mal einen beratenden Input geben, was es an technischen Möglichkeiten gibt. [...] Nicht nur organisatorische Hürden wie Kontakte zur Uni aus dem Weg räumen, sondern auch sachliche Hürden aus dem Weg räumen. Natürlich muss man da dann auch aufpassen, dass die Schüler nicht allen möglichen Kram bestellen, der gar nichts mit ihrem Projekt zu tun hat, [...], sondern da müssen sie sich auch überlegen, was brauchen sie konkret, was fehlt ihnen konkret, wo haben sie konkret ein Problem und das müssen sie dann mit ihrem Betreuer besprechen und da können wir dann auch wieder beraten [...].

Einerseits sollen sie in ihrer Arbeit nicht behindert werden, andererseits soll es auch nicht so sein, dass die einen fertigen Aufbau bestellen und hingestellt bekommen und das war's dann. [...]

Die organisatorischen Hürden abbauen, aber die fachlichen Hürden so weit stehen lassen, dass die Schüler sie überwinden können. Sie auch nicht komplett wegnehmen, weil dann wird es ja auch langweilig, sondern im Gespräch mit denen die Hürde so weit runterziehen, dass die Schüler drüber springen können und jetzt zieh ich mich wieder zurück. Natürlich immer schwierig zu erkennen, wann muss ich mit den Schülern ein Stück mitgehen, wann muss ich mich in das Projekt einarbeiten und den Schülern da Unterstützung liefern und wann muss ich mich da wieder zurückziehen. Weil manchmal kommt man da auch selber in den Flow und findet das auch interessant das Projekt und zieht es dann als Betreuer zu sehr an sich. [...] Auf der anderen Seite muss man natürlich auch erkennen, die sitzen jetzt schon länger an einem Problem, signalisieren das aber nicht, kommen aber auch nicht weiter. Dann ist es an uns rauszufinden, wo das Problem liegt und die minimalinvasiv wieder auf Kurs zu bringen.

R: Was ist dir denn bezüglich der Teamfähigkeit von den Schülern aufgefallen?

J: Das ist ein gutes Spektrum. Manche haben halt eher schlechte Erfahrungen mit Gruppenarbeit oder mit Teams gesammelt und wollen dann eher alleine arbeiten, manche haben gar keine Probleme in Teams zu arbeiten, die können sich gut organisieren und dann hat man auch wieder welche, die im Team arbeiten wollen, aber das im Team überhaupt nicht organisiert bekommen. Also sie arbeiten, aber sie kriegen die Arbeitsprozesse innerhalb des Teams nicht auf die Reihe. **Es ist dann häufig so, dass dann Absprachen nicht funktionieren, dass dann, wenn die an verschiedenen Tagen kommen, Sachen doppelt gemacht werden, und das von uns oft angemahnte Laborbuch eben nicht geführt wird, wo man dann eben solche Prozesse festhalten könnte.** [...] Man hat das komplette Spektrum. Manche haben erkannt, ich kann nicht alles machen oder ich habe meine Stärken im Bereich der Theorie und brauche jemanden, der seine Stärken im Handwerklichen hat um das umzusetzen, wo die Chemie stimmt. Dann hat man Teams, die zwar gerne zusammenarbeiten, sich dann aber häufig selber im Wege stehen [...] als auch Einzelkämpfer, wo es dann schwierig ist, die in einem Team zu integrieren. Die trotzdem teilweise auch super Projekte und super Arbeiten hinbekommen, aber dann häufig doch ein Punkt kommt, wo sie dann, wenn sie längere Zeit an einem Problem knapsen, dann doch eher abbrechen. Es ist dann halt schwierig, da mehrere zu einem Team zu integrieren, zwei Einzelkämpfer zu einem Team zusammenzuschweißen. [...] **Häufig gelingt es uns auch, aus [zwei, drei Schülern] ein Team zu bilden, auch wenn die am Anfang manchmal Probleme haben, merken sie dann, das geht doch besser, wenn man zu mehreren ist.** Manchmal klappt es auch gar nicht, was aber auch ganz normal ist. Nicht jeder kann mit jedem zusammenarbeiten. Entscheidend ist, dass man die Schüler dazu motiviert, es zu versuchen aus den genannten Gründen: Motivationsprobleme, Arbeitsteilung.

R: Die Schüler haben hier ja relativ ungewohnte Freiheiten. Was ist dir denn aufgefallen, wie gehen die damit um?

J: Das ist wieder das komplette Spektrum. Man hat Schüler, die da sehr verantwortungsvoll mit umgehen und die Arbeitszeit hier sehr gut nutzen und die Freiheiten sehr gut nutzen für ihr Projekt. Es gibt aber auch Schüler, für die die Freiheiten eher ein organisatorisches Problem darstellen. Die wissen dann, dass sie häufig kommen können, immer kommen können, aber das führt dann häufig auch dazu, dass dann gesagt wird „Das mach ich nächstes Mal. Das mache ich morgen. Das mache ich nachher, ich bin ja den ganzen Nachmittag hier“. Da ist dann das Problem die Zeit sinnvoll einzuteilen. Für die wäre es dann besser, wenn sie einen Rahmen gesetzt bekommen. Da muss man dann immer dran erinnern „Hey, du bist doch hier zum Arbeiten und nicht nur zum Abhängen hier!“. Was auch immer mal wieder ein Problem darstellt, wenn die Schüler Rechner haben für ihr Projekt, dass sie sich da dann im Internet oder in sozialen Netzwerken verlieren. Wenn sie mal ne Pause brauchen, ist das ja ok, wenn sie ihre Mails checken oder mit dem Kumpel auf Facebook chatten oder bei youtube ein Video gucken oder ein Game zocken [...] Das Problem ist, dass manche sich dann darin verlieren und aus 5 Minuten eine Stunde wird. Da muss man dann immer darauf achten, dass sie wieder in den Arbeitsprozess kommen. Die kommen ja nicht hierher um zu zocken. Und da müssen wir manchen halt schon mal erinnern, dass sie bitte wieder an ihr Projekt gehen. [...] **Wo wir gar keine Probleme haben, ist, dass die Freiheiten für Vandalismus oder so ausgenutzt werden, was wir sonst in normalen Schulsituationen haben. Da werden dann Tische oder Toiletten beschmiert und das haben wir hier überhaupt nicht. Die gehen hier sehr verantwortungsvoll mit den Sachen um die Schüler, schätzen die Sachen auch, weil die durchaus wahrnehmen, dass die Sachen für sie da sind.** Es kommen auch keine Sachen abhanden. Wenn Sachen irgendwo fehlen, dann tauchen sie irgendwann an einer anderen Stelle wieder auf, weil sie halt einer falsch abgelegt hat. Oder die Schüler halt ein Messgerät in ihrer Projektkiste gebunkert haben, weil sie zu faul sind, das zu holen und zurückzubringen. [...] **Das einzige Problem sind halt wirklich diese Ablenkungssituationen. Und dass die dann schwierig aus so sozialen Komponenten wieder in den Arbeitsprozess kommen.** Aber es hat nur sekundär mit den Medien an sich zu tun, die schaffen nur die Verlockung. Das hat eher was mit der sozialen

Interaktion zu tun. Man hat auch häufig das Problem, wenn man dann mehrere Gruppen hat, dass sie sich durchaus auch gegenseitig dann ablenken. Wenn die eine Gruppe Pause macht, die dann zu der anderen Gruppe hingeht und die vom Arbeiten abhält. Da muss man dann drauf achten, dass die eine Gruppe die anderen nicht vom Arbeiten abhält. Dann kommt man halt schnell dahin, dass die nicht mehr arbeiten, sondern über irgendwas anderes quatschen. [...] Das fällt den Schülern schwer, da selber eine Grenze zu finden und wir sind da dann wieder gefordert zu sagen, jetzt lass die mal in Frieden arbeiten, die machen grade ne wichtige Messung. Oder „Geht mal zurück an eure Projekte, tut mal was.“

Zeitfracht Medien GmbH
Ferdinand-Jühlke-Straße 7
99095 Erfurt, Deutschland
produktsicherheit@kolibri360.de